LA MATURITÉ SPIRITUELLE

Les qualités des anciens selon la Bible

Une évaluation visant à déterminer la maturité chrétienne d'une personne, selon les critères présentés dans Tite 1.6-9, 1 Timothée 3.2-7, 1 Pierre 5.1-4 et Actes 20.28.

230 rue Lupien,
Trois-Rivières (Québec)
Canada G8T 6W4

Édition originale en anglais sous le titre :
Spiritual Maturity: Based on Qualifications for Biblical Elders
© 2016 par Biblical Eldership Resources. Tous droits réservés.
Publiée en 2016 par Biblical Eldership Resources.

Pour l'édition française, traduite et publiée avec permission :
© 2017 Publications Chrétiennes, Inc.
230, rue Lupien, Trois-Rivières (Québec)
G8T 6W4 – Canada
Site Web : www.publicationschretiennes.com

Traduction : Angèle Germain

Tous droits réservés.

ISBN : 978-2-89082-290-0

Dépôt légal – 1er trimestre 2017
Bibliothèque et Archives nationales du Québec
Bibliothèque et Archives Canada

« Éditions Impact » est une marque déposée de Publications Chrétiennes, Inc.

À moins d'indications contraires, toutes les citations bibliques sont tirées de la Nouvelle Édition de Genève (Segond 1979) de la Société Biblique de Genève. Avec permission.

Remerciements

Cette étude est le fruit des efforts conjugués de l'équipe de *Biblical Eldership Ressources* (Ressources pour les anciens selon la Bible). Nous soulignons également l'apport de plusieurs anciens qui, par leurs nombreuses interactions, ont, sans le savoir, influencé notre compréhension des qualités requises pour exercer le rôle d'ancien, et nous ont aidés à voir ces vertus comme n'étant pas limitées aux responsables d'Églises, mais bien comme des caractéristiques auxquelles tous les chrétiens devraient aspirer.

Nous avons d'abord découvert l'idée d'un test de qualification mise de l'avant par John Hopler et la *Great Commission Churches Organization* (*l'Organisation des Églises du Grand Mandat*). Puis, nous l'avons développée pour en faire une étude plus rigoureuse. Nous sommes toutefois reconnaissants de la valeur de leur travail dans ce domaine.

Nous voulons dédier ce livret aux anciens des Églises de tous les pays du monde, ceux qui chaque jour prennent soin du « troupeau de Dieu qui est sous *[leur]* garde ». Les efforts constants et les sacrifices qu'ils ont faits en servant le grand Berger seront dûment récompensés par la couronne de gloire lorsqu'il reviendra (1 Pi 5.2,4). Bien que cette étude sur les qualités des anciens puisse être utile à de nombreuses personnes, elle a d'abord été écrite pour les anciens et pour ceux qui pourraient le devenir. À cette époque où la communauté chrétienne accorde beaucoup d'attention aux prédicateurs et auteurs les plus populaires, les anciens des Églises locales sont les véritables héros spirituels, bien qu'ils ne soient pas sous les feux de la rampe.

Puisse le Seigneur, par le moyen de cette étude, développer le caractère des anciens et potentialiser leur capacité à prendre soin du peuple de Dieu. Nous prions aussi pour que cette bénédiction s'étende à ceux qui observent les anciens, afin qu'ils s'approprient les principes de cette étude dans leur propre recherche de maturité spirituelle.

L'équipe de *Biblical Eldership Ressources*

Introduction

Ce livret constitue une étude des qualités requises pour être ancien dans l'Église locale telles que présentées dans le Nouveau Testament. Il vise principalement les anciens et anciens potentiels, mais comme plusieurs l'ont reconnu, toutes ces qualités sont aussi énumérées dans d'autres passages de la Bible comme étant des indicateurs de maturité spirituelle. Ce qui rend ces critères spécifiques aux anciens est le fait qu'ils soient regroupés dans l'Écriture en deux principales listes qui se rapportent aux anciens, ainsi que dans quelques autres passages. Ces qualités représentent essentiellement le standard de maturité spirituelle auquel tous les chrétiens devraient aspirer. Quiconque veut croître spirituellement aurait avantage à considérer le modèle de maturité spirituelle qui se trouve dans les qualités des anciens.

Retirer le maximum de cette étude >>

La croissance spirituelle passe par la lecture et la réflexion, et aussi par l'application et l'action. Afin de vous aider à retirer le maximum de cette étude, nous présentons ci-après une page pour chacune des qualités d'un ancien. Elles sont regroupées en six catégories. Pour chaque qualité, nous présentons les passages utilisés, un petit résumé, une description détaillée, puis des passages parallèles dans lesquels la qualité est appliquée à l'ensemble des chrétiens. Nous terminons notre étude de chacune des qualités par quatre questions d'évaluation (que nous expliquerons sous peu) pour vous aider à discerner votre degré de maturité spirituelle dans ce domaine.

> **LA CROISSANCE SPIRITUELLE PASSE PAR LA LECTURE ET LA RÉFLEXION, ET AUSSI PAR L'APPLICATION ET L'ACTION.**

Vous pouvez passer immédiatement à l'étude elle-même, mais pour en bénéficier davantage, nous vous recommandons de continuer à lire ces réflexions préliminaires, qui aideront à placer les qualités en contexte et à utiliser ce matériel de manière optimale.

Introduction

Quelques difficultés >>

Le libellé des qualités peut varier quelque peu d'une liste à l'autre, surtout à cause du fait que les différentes traductions françaises ne rendent pas le texte original grec de la même manière. Ces discordances ne se voient pas seulement entre les différentes versions de la Bible, mais parfois aussi à l'intérieur d'une même version. Nous avons tenté de clarifier les termes, en considérant que les significations se chevauchent parfois, tandis que les traducteurs s'efforcent de rendre précisément l'idée originale. Dans certains cas, nous avons eu recours au texte original grec par souci de rigueur, sachant que le texte pouvait alors s'écarter légèrement de certaines traductions françaises. C'est là un enjeu technique qui ne devrait pas causer de problème à la majorité des chrétiens, mais qui pourrait être remarqué par ceux qui ont le souci du détail. Nous avons surtout utilisé la Nouvelle Édition de Genève (*NEG*) et avons indiqué les endroits où une autre version a été utilisée.

Pour tous les chrétiens >>

Tandis que ces listes, à proprement parler, s'adressent aux anciens, la plupart (sinon l'ensemble) de ces qualités se retrouvent ailleurs dans l'Écriture, décrivant le standard de maturité pour tous les chrétiens. Tous devraient donc aspirer à ces qualités, mais les anciens devraient être plus avancés en maturité que le reste des membres de l'Église. Ainsi, nous voyons dans ces listes un modèle à suivre pour tous les chrétiens.

Plus loin dans ce livret, nous avons inclus dans la description des qualités des anciens des passages bibliques qui démontrent, directement ou indirectement, que tous les chrétiens devraient aspirer à ces qualités. Certains liens sont évidents – par exemple, un ancien devrait exercer l'hospitalité (1 Ti 3.2), mais tous les chrétiens devraient aussi exercer l'hospitalité comme étant l'effet d'un style de vie engagé et généreux (Ro 12.1,2,13). D'autres liens sont plutôt indirects – par exemple, un ancien doit être appelé par l'Esprit à exercer cette fonction (Ac 20.28), mais chaque chrétien est aussi appelé par l'Esprit et possède des dons de l'Esprit qu'il ou elle doit exercer (1 Co 12.7-11). Tandis qu'un ancien doit être « propre à l'enseignement » (1 Ti 3.1), tous les chrétiens, s'ils sont matures, doivent dépasser le stade de l'enfance spirituelle pour atteindre celui où ils devraient « être des maitres » (Hé 5.12).

Les hommes qui s'efforcent d'incarner les qualités exigées des anciens offrent un exemple vivant de ce à quoi ressemble concrètement la piété. En d'autres termes, les anciens conduisent l'Église vers la maturité spirituelle par leur exemple de véritable caractère chrétien. Ils dirigent en étant les premiers à rechercher la croissance spirituelle.

Nous prions pour que tous les chrétiens soient édifiés par cette étude, se joignant à ceux que Dieu a appelés à être anciens et suivant leur exemple dans la marche vers la maturité spirituelle.

Les anciens en fonction et en formation

Nous recommandons à un homme qui aspire à être ancien d'étudier le contenu de ce livret avec son épouse, et que les deux répondent individuellement aux quatre questions incluses dans chaque page afin d'évaluer comment il se situe par rapport à chacun des critères. Cette démarche devrait aussi être complétée par un ancien en fonction et un autre leader de l'Église qui connaît bien le candidat, toujours en utilisant les quatre questions liées à chaque critère.

Les hommes qui veulent se préparer pour éventuellement devenir anciens

Sachant que l'être humain est porté à se tromper soi-même, nous vous recommandons fortement de demander à d'autres personnes de faire cette étude avec vous et de vous évaluer. Cela peut se faire dans un contexte de mentorat, de redevabilité réciproque ou dans le couple. L'objectif est 1) de vous aider à être encouragé lorsque vous constatez une croissance spirituelle dans votre vie, et 2) de vous amener à découvrir, peut-être pour la première fois, les domaines où la croissance est nécessaire dans votre vie. Ainsi, vous pourrez accomplir ce que dit l'Écriture : « Tout comme le fer aiguise le fer, l'homme s'aiguise au contact de son prochain » (Pr 27.17 ; version *Segond 21*).

....

Combien y a-t-il de qualités ? >>

Les listes publiées varient en longueur, car certaines combinent plusieurs qualités qui se recoupent. Nous avons utilisé une approche exhaustive, tentant de saisir les nuances entre les qualités lorsque cela est pertinent. Le nombre d'éléments sur notre liste reflète aussi le fait que nous nous sommes basés non seulement sur 1 Timothée 3 et

Tite 1, mais aussi sur 1 Pierre 5 et Actes 20. En tout, nous avons relevé trente et une qualités.

....

À quel degré un ancien doit-il effectivement posséder ces qualités ? >>

Bien évidemment, quiconque étudie en toute honnêteté et humilité les qualités requises pour la fonction d'ancien reconnaît que nul n'est réellement à la hauteur. Toutefois, afin de ne pas nommer ancien une personne qui n'est pas qualifiée, l'on se doit de se poser la question : « Quel est le seuil minimal de conformité requis ? » Répondre à cette question relève d'un exercice de subjectivité, mais il faut néanmoins s'y arrêter. Tandis que certaines qualités sont plus faciles à évaluer que d'autres (par exemple, un homme qui a été coupable d'infidélité est clairement disqualifié), d'autres sont plus difficiles à discerner (dans quelle mesure les enfants doivent-ils démontrer leur obéissance à leur père ?). Quoi qu'il en soit, malgré le caractère relatif de ces qualités, on peut tout de même en tirer certains principes importants.

Le degré de maturité dans une Église relativement nouvelle (où la plupart des membres sont chrétiens depuis peu de temps) peut ne pas être aussi strict que dans une Église établie (où le degré de maturité de la moyenne des membres est beaucoup plus élevé). Après tout, si la nouvelle Église doit attendre d'avoir des leaders « très matures », elle pourrait devoir attendre trop longtemps, établissant ainsi une dépendance excessive ou irréversible envers l'implanteur d'Église ou le missionnaire. Cela se produit souvent dans le champ missionnaire. Le gros bon sens veut que les anciens soient plus avancés en maturité, selon les critères de sélection des anciens, que la moyenne des membres de l'Église qu'ils conduisent.

Des critères trop stricts risquent de disqualifier tous les bergers potentiels. D'un autre côté, prendre ces qualités à la légère, risque de nuire grandement au travail du Saint-Esprit. Trop d'Églises bien établies ont été ruinées par des hommes au caractère douteux qui se sont accrochés de manière intransigeante à leur position d'ancien. Par conséquent, nous concluons que les qualités devraient être utilisées comme un idéal vers lequel marche un ancien, et il devrait être plus avancé dans ce parcours que les chrétiens dont il prend soin. Néanmoins, l'Église devrait se garder de nommer des hommes non qualifiés dans une position de leadership.

Qui peut donc trancher ? Idéalement, les anciens en fonction sont les mieux placés pour identifier les hommes qui démontrent une progression constante dans leur maturité spirituelle, étant eux-mêmes passablement qualifiés et en train d'avancer spirituellement. Dans le cas d'une Église nouvellement implantée, cette tâche revient à l'implanteur ou missionnaire qui a fondé l'Église. Évidemment, les commentaires des membres de l'Église sont aussi importants, puisque plusieurs qualités sont liées à la réputation de l'homme qui aspire à être ancien.

Pour une utilisation optimale de cette étude >>

La meilleure façon d'utiliser cette ressource est d'étudier chaque qualité individuellement :

- Commencez par la prière.
- Lisez la page au complet en consultant tous les passages afin de les examiner dans leur contexte.
- Répondez aux quatre questions au bas de chaque page, demandant au Seigneur de vous aider à évaluer honnêtement chaque qualité dans votre vie.
- Inscrivez votre pointage dans la grille d'évaluation qui se trouve à la fin du livret.
- Déterminez quelles actions vous devez entreprendre afin de croître dans ce domaine.

Comment utiliser les questions d'évaluation >>

L'objectif des questions d'évaluation n'est pas de jauger la spiritualité ou la maturité d'un candidat, mais bien de déterminer dans quelle mesure il se conforme aux différentes qualités – dans quels domaines il réussit bien et dans quels domaines il a besoin de travailler. Pour chaque question, inscrivez un nombre :

❶	❷	❸	❹	❺
Non	Plutôt non	Neutre	Plutôt oui	Oui

Introduction

Inscrivez « 5 » si une question ne s'applique pas (par exemple, pour une question relative aux enfants si le candidat n'en a pas). Il ne faut laisser aucune case vide. Faites le total des quatre réponses et inscrivez ce nombre dans le tableau d'évaluation à la fin du livret.

En fin de compte, un homme parfait (qui ne pourrait être autre que le Seigneur Jésus-Christ lui-même) obtiendrait une note parfaite de 155 points. L'objectif n'est pas d'attribuer une note aux gens ou de se comparer aux autres. Il s'agit simplement d'un outil permettant d'identifier les domaines dans lesquels la croissance est nécessaire.

Le candidat évalué devrait rencontrer chaque personne l'ayant évalué pour discuter des résultats. Révisez ensemble toutes les qualités, en insistant davantage sur celles où le candidat a obtenu un pointage faible. Il peut s'agir de domaines sur lesquels il faudra travailler plus spécifiquement. Pour chaque qualité où le candidat semble présenter des lacunes, un plan d'action doit être élaboré afin de stimuler sa croissance dans ce domaine. Ce plan peut inclure la lecture et la mémorisation de passages bibliques pertinents, la prière ciblée, l'établissement d'une relation de redevabilité avec quelqu'un à qui le candidat fera part de sa croissance dans ce domaine de sa vie spirituelle, et la lecture d'articles et de livres pertinents sur le sujet.

Rappelez-vous que l'objectif est la croissance spirituelle, afin que vous deveniez un modèle que les autres pourront suivre, et ce, que vous soyez ancien, futur ancien, ou un chrétien qui désire influencer les autres de façon positive par son caractère pieux.

Que le Seigneur vous fortifie alors que vous vous apprêtez à évaluer en toute honnêteté votre vie spirituelle, alors que vous devenez un leader chrétien en constante progression, un croyant qui encourage les autres à marcher pour Christ.

Contextes des passages clés

Il serait utile de nous pencher sur les contextes des principaux passages qui traitent des qualités des anciens, ce que nous ferons brièvement ici.

1 Timothée 3.1-7 >>

Tout indique que Timothée, le jeune protégé de Paul, était en poste à Éphèse (1 Ti 1.3, comparez avec 2 Ti 4.12,13). Si tel était le cas, lorsque Paul a écrit sa première épître à Timothée (63 apr. J.-C.), l'Église d'Éphèse avait déjà reçu un solide enseignement de la part d'Aquilas et Priscille et d'Apollos, qui étaient versés dans les Écritures (Ac 18.2, 19-28). De plus, l'apôtre Paul a lui-même passé plus de deux ans à y enseigner chaque jour dans l'école de Tyrannus (Ac 19.8-10). Luc, qui a écrit le livre des Actes, nous rapporte qu'à Éphèse, « la parole du Seigneur croissait en puissance et en force » (Ac 19.20). La lettre que Paul a écrite à cette Église nous laisse voir que son auditoire était mature (contrairement à l'Église charnelle de Corinthe, par exemple). L'apôtre y aborde des thèmes plus avancés tels que la nature de l'Église, et y révèle une compréhension plus profonde de différents aspects de notre salut, notre élection, notre rédemption, notre régénération, etc.

Nous lisons aussi dans le livre des Actes qu'à la fin de son troisième voyage missionnaire, Paul a passé du temps avec les anciens d'Éphèse, leur donnant son incontournable discours d'adieu – un texte à lire et à mémoriser pour quiconque désire être un leader spirituel. À ce moment, l'Église avait donc déjà des anciens établis. Nous en concluons que quand Paul a écrit sa première lettre à Timothée, les croyants d'Éphèse – là où Timothée vivait et œuvrait dans le ministère – avaient reçu de bons enseignements et étaient plutôt matures en tant qu'Église.

Dans cette lettre à Timothée, il est à noter que la première mention des qualités faite par Paul concerne ceux qui aspirent à un ministère de leadership. « Cette parole est certaine : si quelqu'un aspire à la charge d'évêque, il désire une œuvre excellente » (1 Ti 3.1). L'apôtre pensait surtout, du moins initialement, à ceux qui n'étaient pas encore anciens. Mais il a tôt fait d'étendre son propos à ceux qui sont déjà anciens : « Il faut donc que l'évêque soit… » Autrement dit, si un homme aspire à être ancien, il doit aspirer à personnifier les qualités décrites ci-après.

À l'évidence, aucun homme ne peut posséder toutes ces qualités à la perfection. Il ne faut pas attendre d'être entièrement qualifié. La croissance spirituelle est un processus continu qui se poursuivra jusqu'à ce que nous entrions dans la présence du Seigneur. Nous en déduisons que les qualités des anciens aident surtout ceux qui sont en fonction à évaluer leur propre maturité spirituelle, et servent aussi à définir un objectif de maturité spirituelle auquel les anciens potentiels peuvent se référer. Il ne s'agit pas d'une liste figée, froide et inchangeable, mais lorsqu'elle est utilisée par des anciens qui cherchent la face de Dieu, elle est immensément bénéfique. Voilà le contexte dans lequel le désir d'être ancien est un désir pour « une œuvre excellente ». Ce qui rend l'œuvre « excellente » est en fait le désir d'être un homme qui ressemble au profil tracé par les qualités des anciens, et non l'obtention d'une quelconque position de pouvoir terrestre.

> **LE DÉSIR D'ÊTRE ANCIEN EST UN DÉSIR POUR « UNE ŒUVRE EXCELLENTE ».**

Il va sans dire que les anciens déjà en poste devraient eux aussi prendre connaissance des qualités et désirer sincèrement s'en rapprocher. En fait, comme c'est le cas dans toute la vie chrétienne, les anciens doivent continuellement progresser, croître et prendre de la maturité. C'est l'exemple qu'a laissé l'apôtre Paul, qui a écrit : « Ce n'est pas que j'aie déjà remporté le prix, ou que j'aie atteint la perfection, mais je cours pour tâcher de le saisir, puisque moi aussi j'ai été saisi par Jésus-Christ… je cours vers le but, pour remporter le prix de la vocation céleste de Dieu en Jésus-Christ » (Ph 3.12,14).

Tite 1.5-9 >>

Dans son épître à Tite, Paul parle plutôt du leadership des Églises qui ne sont pas matures. Il affirme d'entrée de jeu : « Je t'ai laissé en Crête, afin que tu mettes en ordre ce qui reste à régler et que, selon mes instructions, tu établisses des anciens dans chaque ville… » (Tit 1.5), puis il poursuit en énumérant les traits de caractère des anciens. L'expression « ce qui reste à régler » est la traduction d'un seul mot grec, *leipo*, qui signifie « ce qui manque, qui fait défaut ». Paul n'a pas utilisé cette expression lorsqu'il écrivait à Timothée, car l'Église d'Éphèse était solidement établie et comportait déjà des anciens en fonction. Les Églises de Crête, contrairement, étaient apparemment de jeunes groupes de croyants n'ayant pas encore de structures administratives : voilà ce qui faisait défaut. Sans conseil d'anciens, Paul considérait les Églises comme étant en désordre, incomplètes.

Ainsi, dans le contexte de l'épître de Paul à Tite, la liste des qualités des anciens apparaît davantage comme une liste de critères servant à identifier des hommes qui pourraient devenir anciens dans les Églises naissantes de Crête, ou alors comme une liste de traits de caractère vers lesquels devraient progresser les hommes qui considèrent devenir éventuellement ancien ou leader d'une Église locale.

À la lumière des différences contextuelles entre les deux épîtres de Paul, certains ont tenté d'expliquer pourquoi la liste de Timothée semble plus complète que celle de Tite. Une telle analyse peut être intéressante, mais nous n'entrerons pas ici dans ces conjectures ; nous joindrons les deux listes comme si elles n'en formaient qu'une, destinée à indiquer la volonté de Dieu pour les leaders spirituels de l'Église, les anciens existants et potentiels.

Actes 20.17-38 >>

Bien qu'il n'inclue pas de liste de qualités pour les anciens (comparativement à 1 Timothée 3 et Tite 1), le discours d'adieu de Paul aux anciens d'Éphèse constitue l'enseignement le plus complet s'adressant spécifiquement aux anciens dans l'Écriture, au sujet du rôle des anciens. Dans ce message, Paul se présente comme un modèle de leadership spirituel – une qualité que tous les anciens devraient posséder – c'est-à-dire qu'il est un exemple que les autres devraient suivre. Pierre met aussi en avant-plan cette qualité de modèle du troupeau dans ses instructions aux anciens parmi les chrétiens dispersés au nord-est de la Méditerranée (1 Pi 5.3).

Paul ajoute ici à la liste globale de qualités un critère important : il faut que les leaders soient appelés au ministère par le Saint-Esprit

(Ac 20.28). Prenez donc garde à vous-mêmes, et à tout le troupeau sur lequel le Saint-Esprit vous a établis évêques... » (Ac 20.28). Sans l'appel du Saint-Esprit, tout le reste perd son sens ; nous l'incluons donc dans notre étude comme un critère indispensable pour les anciens.

1 Pierre 5.1-4 >>

L'apôtre Pierre écrit aux anciens qui vivaient parmi les chrétiens dispersés et persécutés, dans la région de la Galatie et de l'Asie autour de 60-62 apr. J-C. Considérant leurs difficultés, il les a brièvement exhortés à prendre soin du troupeau de Dieu de bon gré et avec dévouement, et non par recherche d'un gain. La perspective unique que Pierre ajoute au sujet des qualités des anciens est que même dans l'épreuve et la persécution, les anciens devraient être des hommes spirituellement matures animés par des motifs purs.

Table des matières

Ses motifs
Motivé par l'Esprit 17
A un désir venant de Dieu 19
Sert avec dévouement 21
N'agit pas par contrainte 23

Son intégrité
Irréprochable 25
Jouit d'une bonne réputation 27
Réglé dans sa conduite 29
Saint 31
Juste 33
Est un modèle 35

Son rapport avec la Parole
Attaché à la Parole 37
Propre à l'enseignement 39
Exhorte selon la saine doctrine 41
Réfute les contradicteurs 43

Sa famille
Mari d'une seule femme 45
Ses enfants sont obéissants 47
Dirige bien sa propre maison 49

Sa vie personnelle
Ami du bien 51
Modéré 53
Tempérant 55
Sobre 57
N'est pas un nouveau converti 59

Table des matières

N'est pas adonné au vin 61
Désintéressé 63

Ses relations
Hospitalier 65
Doux 67
Ne cherche pas à dominer 69
Pacifique 71
N'est pas colérique 73
N'est pas arrogant 75
N'est pas violent 77

Motivé par l'Esprit

 Ses motifs

Résumé :

D'abord et avant tout, un homme devient ancien lorsqu'il est appelé par l'Esprit de Dieu, et non parce qu'il décide d'être un ancien. Voilà sa principale motivation.

Verset clé :

« Prenez donc garde à vous et à tout le troupeau sur lequel le Saint-Esprit vous a établis évêques, pour paître l'Église de Dieu, qu'il s'est acquise par son propre sang » (Ac 20.28).

Description >>

D'abord et avant tout, la qualité essentielle pour être un ancien est d'être appelé par le Saint-Esprit. Tout comme l'Esprit a « mis à part » et a « laissé partir » Paul et Barnabas (Ac 13.1-3) à titre de premiers missionnaires de l'histoire, Dieu met à part des hommes comme anciens pour la tâche extrêmement importante de prendre soin du peuple de Dieu. Les autres qualités des anciens devraient être vues comme les critères permettant de reconnaître qui sont ceux que Dieu a appelés. C'est lui qui prend des hommes à son service, et avec raison, puisque c'est *son* Église, qu'il « s'est acquise par son propre sang ». Il a payé un grand prix pour la rédemption des âmes, par conséquent le berger doit nécessairement être choisi par l'Esprit.

Les anciens doivent être pleinement conscients qu'ils sont au service du Seigneur, selon son désir et selon son choix. Voilà, avant tout, la première motivation pour exercer le ministère d'un berger, et aussi pour le faire de façon adéquate, comme il convient envers une communauté de rachetés infiniment précieuse aux yeux de Dieu. Il ne suffit pas qu'un ancien soit interpellé par les besoins dans l'Église, ou qu'il s'avance dans ce ministère parce qu'on le lui a demandé, ou parce qu'un poste est vacant. Ça ne veut pas dire non plus que des études en théologie suffisent pour être ancien, ou qu'un ancien demeure ancien à vie, car le Seigneur peut retirer du ministère quelqu'un qu'il a précédemment appelé à l'œuvre. C'est le Saint-Esprit qui décide.

Cela implique donc que les anciens ne servent pas premièrement les gens, mais le Seigneur ; et ils le font pour *lui* plaire, et non pour *leur* plaire. Et parce qu'ils servent le Seigneur, ils prennent soin de ceux que le Seigneur aime : son peuple. Autrement dit, ils servent et prennent soin du peuple de Dieu parce qu'ils servent le Dieu qui les aime.

....

Pour tous les chrétiens >>

« Il y a diversité de dons, mais le même Esprit ; diversité de ministères, mais le même Seigneur ; diversité d'opérations, mais le même Dieu qui opère tout en tous. Or, à chacun la manifestation de l'Esprit est donnée pour l'utilité commune » (1 Co 12.4-7).

....

Questions >> (1-Non, 2-Plutôt non, 3-Neutre, 4-Plutôt oui, 5-Oui)

- Le candidat a-t-il la conviction que le Saint-Esprit l'appelle à être un berger pour le peuple de Dieu ? _____
- Son désir est-il confirmé par l'Esprit dans les conseils de personnes spirituelles de son entourage ? _____
- A-t-il des preuves circonstancielles que le Saint-Esprit l'a utilisé pour prendre soin d'autres chrétiens ? _____
- A-t-il déjà expérimenté la confirmation du Saint-Esprit dans un autre ministère ? _____

Inscrivez le total des points ici et dans la grille d'évaluation à la page 79. _____

A un désir venant de Dieu

 **Ses motifs**

Résumé :
Un ancien doit avoir un désir venant de Dieu d'accomplir la tâche de berger ; il ne doit pas être motivé par le prestige qui y est rattaché.

Verset clé :
« Cette parole est certaine : Si quelqu'un aspire à la charge d'évêque, il désire une œuvre excellente » (1 Ti 3.1).

Description >>

L'Écriture accorde un honneur spécial aux hommes qui aspirent à la charge d'ancien, introduisant la liste des qualités requises par cette « parole certaine » (une manière de souligner l'importance de cet énoncé, comme dans 1 Ti 1.15 ; 4.9 et 2 Ti 2.11). Mais d'où vient ce désir d'être ancien ? Il ne devrait pas trouver sa source dans la soif de pouvoir et de reconnaissance, mais plutôt dans l'appel du Saint-Esprit (Ac 20.28).

Il est à noter que le désir ne se porte pas tant sur un titre ou une position, mais plutôt sur la tâche d'ancien proprement dite. La dernière partie du verset clarifie cette nuance : « il désire une œuvre excellente ». Tandis que la nature humaine aspire au pouvoir et à la reconnaissance, les responsables des Églises devraient en toute piété aspirer à servir comme de véritables conducteurs spirituels. Ils ne servent pas pour leur propre intérêt ou « pour un gain sordide […] comme dominant sur ceux qui vous sont échus en partage » (1 Pi 5.2).

Ce désir est toutefois plus qu'une volonté superficielle de servir d'une manière quelconque. « Aspirer » signifie « désirer ardemment, espérer obtenir ». L'homme que décrit Paul est rempli d'un désir sincère de prendre soin du peuple de Dieu. La tâche est d'ailleurs appelée « surveillance » dans la version

A un désir venant de Dieu | Ses motifs

Darby (« évêque » dans la *NEG*) : c'est le travail de celui qui surveille attentivement, comme le berger qui surveille son troupeau, prêt à intervenir chaque fois qu'il détecte un besoin.

On peut donc conclure que ce rôle « d'évêque » revient aux anciens à cause du lien entre les mots « évêque » et « anciens » dans les lettres de Paul (voir 1 Ti 5.17,19 ; Tit 1.5,7). « Évêque » (*episcope* en grec, ou surveillant) souligne le rôle, tandis que « ancien » souligne la maturité. Si un homme est appelé par l'Esprit et a un désir réel et pur de prendre soin du peuple de Dieu, alors il doit aspirer aux qualités que Paul énumère dans 1 Timothée 3.2-7.

Pour tous les chrétiens >>

« Aspirez aux dons les meilleurs… » (1 Co 12.31)

« Recherchez l'amour. Aspirez aussi aux dons spirituels… » (1 Co 14.1)

Questions >> (1-Non, 2-Plutôt non, 3-Neutre, 4-Plutôt oui, 5-Oui)

- Le désir du candidat d'être ancien reflète-t-il un pieux désir de prendre soin du troupeau, plutôt qu'un désir d'obtenir pouvoir et prestige ? _____
- Fait-il passer son implication dans l'Église avant ses loisirs ? _____
- Aime-t-il aider les autres sur le plan spirituel, même sans le titre d'ancien ? _____
- Si on décidait de ne pas le nommer comme ancien à ce moment-ci, se soumettrait-il à cette décision sans colère ni amertume ? _____

Inscrivez le total des points ici et dans la grille d'évaluation à la page 79. _____

Sert avec dévouement

 Ses motifs

Résumé :

Un ancien est un homme qui sert volontiers, avec zèle et dévouement, qu'il reçoive ou non un soutien financier. Il est motivé par le retour prochain du souverain berger.

Verset clé :

« Paissez le troupeau de Dieu qui est sous votre garde […] avec dévouement […] » (1 Pi 5.2.)

Description >>

De toute évidence, Dieu désire que son Église soit conduite par des anciens bien disposés et dévoués, qui n'agissent pas à contrecœur. La tâche, lorsqu'elle est accomplie avec un cœur de berger et des motifs pieux, peut être très difficile. Plusieurs anciens ploient sous le fardeau. Un homme qui recherche le pouvoir et les honneurs aura tôt fait de s'essouffler, de plafonner ou d'être détourné de cette bonne œuvre, et le peuple de Dieu en souffrira. Ce qui distingue les vrais anciens est leur disposition à se sacrifier. Nul ne peut être un véritable berger pour le peuple de Dieu si sa motivation principale est l'argent. Un vrai berger prendra soin du peuple de Dieu, qu'il soit rémunéré ou non. Le soutien financier, s'il est présent, ne sert pas à motiver, mais à accorder du temps pour que l'ancien passe moins de temps à gagner sa vie, et plus de temps à s'occuper du troupeau.

Si un homme refuse de prendre soin du peuple de Dieu sans être rémunéré, alors la rémunération ne motivera pas cet homme à être un berger selon le cœur de Dieu. Ce bénévolat doit s'accompagner de dévouement, d'enthousiasme et de joie. Un homme peut bien vouloir servir

> **DE TOUTE ÉVIDENCE, DIEU DÉSIRE QUE SON ÉGLISE SOIT CONDUITE PAR DES ANCIENS BIEN DISPOSÉS ET DÉVOUÉS.**

Sert avec dévouement | Ses motifs

comme ancien, mais s'il le fait avec joie, il démontre par là son véritable cœur de berger.

Qu'est-ce donc qui motive un ancien à porter volontiers le fardeau du berger, avec joie et dévouement ? « lorsque le souverain berger paraîtra, vous obtiendrez la couronne incorruptible de la gloire » (1 Pi 5.4).

....

Pour tous les chrétiens >>

« Si donc je vous ai lavé les pieds, moi, le Seigneur et le Maître, vous devez aussi vous laver les pieds les uns aux autres ; car je vous ai donné un exemple, afin que vous fassiez comme je vous ai fait » (Jn 13.14,15).

....

Questions >> (1-Non, 2-Plutôt non, 3-Neutre, 4-Plutôt oui, 5-Oui)

- Le candidat fait-il preuve d'enthousiasme dans le service pour l'Église, même pour des tâches matérielles ou banales ? _____

- Est-il de ceux qui s'offrent volontiers pour aider lorsqu'on fait appel à lui ou lorsqu'il a conscience d'un besoin quelconque ? _____

- Fait-il preuve d'un intérêt réel et spontané pour les gens et leurs besoins spirituels lors des moments de communion fraternelle avant ou après les réunions ? _____

- Accepte-t-il volontiers des responsabilités ? _____

Inscrivez le total des points ici et dans la grille d'évaluation à la page 79. _____

N'AGIT PAS PAR CONTRAINTE

 Ses motifs

Résumé :

Un homme ne doit pas servir parce qu'il se sent obligé, mais parce qu'il est soumis au Saint-Esprit.

Verset clé :

« Paissez le troupeau de Dieu qui est sous votre garde, non par contrainte […] » (1 Pi 5.2.)

Description >>

Si Paul affirme qu'il « doit » prêcher l'Évangile (Ro 1.14), et que nous ne « devons pas vivre selon la chair », aucun passage ne dit aux croyants qu'ils « doivent » servir comme anciens. L'idée n'est pas de servir par devoir ou par contrainte, ou en y étant poussé de manière à ne pas pouvoir refuser. Les hommes qui servent par contrainte, quelle qu'en soit la source, ne devraient pas être anciens, si telle est la principale raison pour laquelle ils servent.

Il y a plusieurs raisons pour lesquelles un homme peut se sentir obligé de servir comme ancien : 1) Les attentes des autres, incluant son épouse ; 2) Un besoin urgent de leaders dans l'Église ; 3) Un sentiment d'infériorité qui s'exprime par un besoin d'accomplissement, entraînant la nécessité de combler des besoins personnels par des moyens charnels ; et 4) Les besoins pressants des membres de l'Église. Nous ne nous trompons pas en disant que dans la plupart des Églises, il n'y a pas assez d'hommes de Dieu qui sont disposés à assumer la lourde responsabilité de veiller sur le peuple de Dieu et de répondre à ses besoins. Toutefois, malgré un sentiment d'urgence, il ne faut jamais contraindre des hommes à devenir anciens, ni permettre à quiconque de nous forcer à accepter un poste d'ancien.

L'homme qui se sent appelé par le Saint-Esprit constate que sa motivation est en accord avec l'Esprit, ce qui se verra par un dévouement joyeux. Il faut

N'agit pas par contrainte | Ses motifs

regarder au-delà de la pression exercée par les hommes afin de voir la direction du Saint-Esprit. Les anciens déjà en poste doivent laisser le Saint-Esprit appeler ceux qu'il désire, faute de quoi il risque de se trouver des hommes réticents et inadéquats servant comme bergers incompétents pour le peuple de Dieu.

....

Pour tous les chrétiens >>

« Comme de bons dispensateurs des diverses grâces de Dieu, que chacun de vous mette au service des autres le don qu'il a reçu. Si quelqu'un parle, que ce soit comme annonçant les oracles de Dieu ; si quelqu'un remplit un ministère, qu'il le remplisse selon la force que Dieu communique, afin qu'en toutes choses Dieu soit glorifié par Jésus-Christ, à qui appartiennent la gloire et la puissance aux siècles des siècles. Amen ! » (1 Pi 4.10,11.)

....

Questions >> (1-Non, 2-Plutôt non, 3-Neutre, 4-Plutôt oui, 5-Oui)

- Le candidat entrevoit-il son éventuelle implication comme ancien sans éprouver un sentiment de lourdeur qui l'effraie ? _____
- Son épouse l'encourage-t-elle avec amour à devenir ancien, sans exercer de pression sur lui ? _____
- Désire-t-il sincèrement faire le travail d'un ancien sans avoir le sentiment qu'il n'y a pas d'autre option puisque l'Église a besoin de conducteurs ? _____
- A-t-il affronté toutes ses craintes, ses incertitudes ou ses doutes devant le fait de devenir ancien ? _____

Inscrivez le total des points ici et dans la grille d'évaluation à la page 79. _____

Irréprochable

 Son intégrité

Résumé :

« Irréprochable » est un mot qui englobe toutes les autres qualités. Il fait référence au caractère de la personne, en privé comme en public, et à sa façon de vivre en général.

Verset clé :

« Il faut donc que l'évêque soit irréprochable […] » (1 Ti 3.2).

« Car il faut que l'évêque soit irréprochable, comme économe de Dieu […] » (Tit 1.7).

Description >>

Si l'on pouvait résumer toutes les qualités des anciens en un mot, ce serait « irréprochable ». Dans 1 Timothée 3.2, le mot original peut être traduit par « sans tache », et dans Tite 1.6 par « sans reproche ». Cette qualité englobe presque toutes les autres. En fait, elle ouvre la liste dans 1 Timothée 3.2, liste qui se termine au verset 7, où il est mentionné qu'un ancien doit recevoir un « bon témoignage de ceux du dehors ».

Toutes les qualités qui sont énumérées après « irréprochable » sont des illustrations de ce qu'est une personne irréprochable. Cela signifie que la vie de l'ancien ne donne pas de munitions pour quiconque voudrait l'attaquer ou le critiquer. Bien qu'il ne soit pas parfait, il est irréprochable, ce qui veut dire que toute accusation ou mise en doute de son intégrité ne tiendra pas la route lorsqu'elle sera examinée attentivement.

Cette qualité sera mieux comprise dans son contexte. On peut aisément la comprendre par les exemples positifs et négatifs que donne Paul. Par exemple, un homme qui n'est pas fidèle à son épouse n'est pas irréprochable. Un homme qui n'est pas sobre n'est pas irréprochable. Un homme qui n'est pas respectable n'est pas irréprochable, et ainsi de suite.

Irréprochable | Son intégrité

Sur un ton positif, un ancien devrait exercer l'hospitalité, bien diriger sa propre maison, etc. Bien qu'il y ait un volet public et un volet privé à cette qualité, soit d'être sans tache et sans reproche, Paul ne semble pas exiger la perfection. Il dit que l'intégrité doit le caractériser, tant en privé qu'en public.

Dans un sens, cette première qualité donnée par l'apôtre est la plus large et la plus importante. C'est la qualité qui englobe toutes les autres. Du point de vue du troupeau, les bergers devraient être irréprochables dans tous les domaines.

Pour tous les chrétiens >>

« afin que vous soyez irréprochables et purs, des enfants de Dieu irrépréhensibles au milieu d'une génération perverse et corrompue, parmi laquelle vous brillez comme des flambeaux dans le monde » (Ph 2.15).

« Déclare-leur ces choses, afin qu'elles soient irréprochables » (1 Ti 5.7).

Questions >> (1-Non, 2-Plutôt non, 3-Neutre, 4-Plutôt oui, 5-Oui)

- Peut-on dire que le candidat ne fait l'objet d'aucune plainte légitime qui devrait être réglée ? _____
- Ses proches (épouse, amis) croient-ils qu'il est qualifié pour être ancien ? _____
- A-t-il des péchés non confessés ou des défauts notoires ? _____
- Est-il ouvert à accepter la critique constructive sur sa vie personnelle ? _____

Inscrivez le total des points ici et dans la grille d'évaluation à la page 79. _____

Jouit d'une bonne réputation

 Son intégrité

Résumé :
Un ancien doit avoir une bonne réputation auprès de ceux qui sont en dehors de l'Église, faute de quoi il attirera la honte sur lui et sur l'Église, tombant dans les pièges de Satan.

Verset clé :
« Il faut aussi qu'il reçoive un bon témoignage de ceux du dehors, afin de ne pas tomber dans l'opprobre et dans les pièges du diable » (1 Ti 3.7).

Description >>

Cette qualité nous rappelle qu'il y a un volet public au rôle d'ancien. Le Seigneur et son Église ne se préoccupent pas seulement de la vie personnelle de l'ancien ; ils se soucient également de l'image que projette son comportement. Le nom et le caractère de notre Sauveur et de son corps sont en jeu. Si un ancien est excellent dans l'assemblée et parmi les croyants, mais qu'il est malhonnête en affaires, ou est un voisin désagréable, ou un membre gênant de sa famille élargie, alors il est disqualifié pour le ministère. La vie personnelle d'un homme, son comportement parmi les croyants et sa réputation parmi les non-croyants forment ensemble le caractère d'un ancien.

Lorsqu'un berger du peuple de Dieu (qui doit être un modèle de ressemblance à Christ) n'a pas une bonne réputation parmi les non-croyants, son hypocrisie a pour conséquence de déshonorer l'Église et les membres de l'Église. Satan va profiter de cette occasion pour neutraliser la puissance spirituelle de l'ancien et amener la honte sur l'Église entière (voir Ap 12.10 : « l'accusateur de nos frères »). L'hypocrisie n'est-elle pas la principale faute que reproche le monde à ceux qui prétendent être chrétiens ? Une bonne réputation protègera les anciens, les conducteurs du peuple de Dieu, contre ces attaques.

Le caractère de l'ancien doit donc être démontré et mis à l'épreuve dans l'Église et dans le monde. Non seulement le monde épie les manquements des anciens, mais Satan fait de même. Mais si un homme est perçu favorablement par les gens de l'extérieur et a une bonne réputation dans la communauté, alors le Seigneur et son Église seront glorifiés et mis en valeur, et Satan et le monde auront moins de munitions pour accuser l'Église.

Pour tous les chrétiens >>

« Ayez au milieu des païens une bonne conduite, afin que, là même où ils vous calomnient comme si vous étiez des malfaiteurs, ils remarquent vos bonnes œuvres, et glorifient Dieu, au jour où il les visitera » (1 Pi 2.12, voir aussi Ro 5.4).

Questions >> (1-Non, 2-Plutôt non, 3-Neutre, 4-Plutôt oui, 5-Oui)

- Ses collègues de travail non chrétiens l'apprécient-ils ? _____
- Est-il honnête, faisant preuve d'intégrité en affaires ? _____
- Sa vie sociale est-elle un bon témoignage pour les non-chrétiens ? _____
- Ses voisins le respectent-ils ? _____

Inscrivez le total des points ici et dans la grille d'évaluation à la page 79. _____

Réglé dans sa conduite

 Son intégrité

Résumé :

Un ancien doit être un homme ordonné, qui agit bien et qui est respecté de tous.

Verset clé :

« Un évêque doit être […] réglé dans sa conduite » (1 Ti 3.2).

Description >>

La beauté de l'œuvre de Dieu est qu'il transforme le chaos (désordre) en ordre (cosmos). Nous voyons cette transformation dans le récit de la création, dans Genèse 1.1 - 2.3. La terre était d'abord « informe et vide », mais Dieu amène l'ordre dans le chaos, et il en résulte un magnifique jardin rempli de bonnes choses (dont une seule est interdite), dans lequel vivent Adam et Ève. La même transformation a lieu dans le Nouveau Testament, lorsque notre Seigneur est interpellé par Légion, un homme possédé et tourmenté par plusieurs démons. Cet homme était une calamité pour lui-même et pour sa communauté. Quand Jésus l'a libéré de cette domination démoniaque, il est devenu un autre homme. Cet homme rôdait jadis parmi les tombeaux, s'en prenant à lui-même et à quiconque passait par là, terrorisant la région entière. Voilà qu'il rencontre Jésus ; il est alors délivré de l'emprise des démons et on le retrouve « assis, vêtu, et dans son bon sens » (Mc 5.15).

C'est cet ordre, cette décence qui devrait caractériser un ancien. Différents termes sont utilisés dans les différentes versions françaises : honorable (*Darby*), correct (*Parole de Vie*), décent (*Nouvelle Bible Segond*), convenable (*Français courant*) ; le véritable sens du mot original décrit une personne dont la vie est en ordre. Cela devrait être une réalité à la fois extérieure et intérieure. Les apparences devraient refléter l'ordre intérieur qui caractérise l'ancien. L'apparence d'ordre seule serait de l'hypocrisie ; une vie intérieure ordonnée sans en avoir

Réglé dans sa conduite | Son intégrité

l'apparence serait insuffisante. Contrastant avec ceux dont la vie est chaotique, la vie d'un ancien reflète le cosmos, qui est le produit de la transformation opérée par Christ et le Saint-Esprit.

Fait intéressant, un mot très semblable (décente) se retrouve dans 1 Timothée 2.9 pour décrire la tenue vestimentaire d'une femme de Dieu : il fait référence à une vie dont l'apparence n'est pas négligée, ni désordonnée.

Certaines personnes, en raison de leur vie ordonnée (cosmeo), dégagent une dignité et une prestance évidentes qui suscitent le respect.

Pour tous les chrétiens >>

« Je veux aussi que les femmes, vêtues d'une manière décente, avec pudeur et modestie, ne se parent ni de tresses, ni d'or, ni de perles, ni d'habits somptueux » (1 Ti 2.9).

Questions >> (1-Non, 2-Plutôt non, 3-Neutre, 4-Plutôt oui, 5-Oui)

- Le candidat semble-t-il être en contrôle de sa vie ; sa vie est-elle en ordre ? ____
- Son apparence est-elle convenable selon les standards bibliques et culturels ? ____
- Prend-il régulièrement du temps pour la gestion de son temps ? ____
- Respecte-t-il ses priorités ? ____

Inscrivez le total des points ici et dans la grille d'évaluation à la page 79. ____

Saint

 **Son intégrité**

Résumé :
La sainteté doit être à la fois expérimentée et démontrée dans la vie de chaque responsable d'Église.

Verset clé :
« Il faut que l'évêque soit […] saint » (Tit 1.8).

Description >>

L'exigence d'être saint requiert que les anciens aillent plus loin que la sainteté positionnelle qui nous est accordée par Dieu. Elle leur demande de démontrer des évidences de la sainteté pratique dans leur vie. L'injonction n'est donc pas seulement qu'un ancien doit être un enfant de Dieu, mais que sa vie doit refléter les caractéristiques de la sainteté selon Dieu.

Qu'est-ce que cela signifie ? Que la vie d'un ancien devrait être « libre de péché, exempte de méchanceté, pure, sainte et pieuse » (Concordance de Strong, G3741). L'accent est sur les actes. Cela exige une réponse délibérée ; c'est un appel à démontrer que Christ agit dans sa vie. Il faut pour cela de la discipline et un effort sincère pour vivre chaque jour en cherchant à suivre l'exemple de Christ.

La Bible désigne Jésus comme le Saint dans Actes 2.27. Il est devenu souverain sacrificateur, saint, innocent, sans tache et séparé des pécheurs (Hé 7.26). Il était saint et faisait preuve de sainteté. La vie de Jésus est donc la référence pour tous les chrétiens. La vie parfaite de Christ constitue un exemple parfait. En fait, nous devons avoir les regards sur Jésus, qui suscite la foi et la mène à la perfection (Hé 12.2)

Le lien entre la sainteté et une vie sainte est clair pour tous les chrétiens, et plus spécifiquement pour un ancien. En établissant une exigence et en donnant un exemple de sainteté, la Bible élimine tout prétexte pour un ancien de s'écarter de ce standard. Pour cette raison, la Bible encourage le troupeau dans l'Église locale à « imiter la foi de leurs conducteurs » (Hé 13.7).

Saint | Son intégrité

Voilà ce que c'est que d'être un modèle. La vie de Christ imitée par un ancien, qui à son tour sera un modèle que les autres peuvent imiter. Se contenter de moins serait catastrophique.

Pour tous les chrétiens >>

« Vous êtes témoins, et Dieu l'est aussi, que nous avons eu envers vous qui croyez une conduite sainte, juste et irréprochable » (1 Th 2.10).

« La religion pure et sans tache, devant Dieu notre Père, consiste à visiter les orphelins et les veuves dans leurs afflictions, et à se préserver des souillures du monde » (Ja 1.27).

Questions >> (1-Non, 2-Plutôt non, 3-Neutre, 4-Plutôt oui, 5-Oui)

- Est-ce que le candidat cherche à plaire à Dieu plutôt qu'aux hommes ? _____
- A-t-il une vie de prière active ? _____
- Est-il déterminé à obéir à Dieu et à sa Parole quelles que soient les épreuves ou difficultés qu'il pourrait traverser ? _____
- Reconnaît-il la valeur de l'exemple des autres dans sa vie ? _____

Inscrivez le total des points ici et dans la grille d'évaluation à la page 79. _____

JUSTE

 **Son intégrité**

Résumé :

Un ancien doit, par sa manière de vivre et sa conduite, manifester les fruits de la justification et de la sanctification. Sa piété devrait être évidente par la manière dont il se conforme à la vérité.

Verset clé :

« Il faut que l'évêque soit [...] juste » (Tit 1.8).

Description >>

Le terme « juste » pourrait être traduit par « droit ». Cet adjectif (en grec *dikaios*), utilisé très souvent dans l'Ancien comme dans le Nouveau Testament, est très proche du nom commun qui signifie « justice ». Dans le Nouveau Testament, ce terme est surtout utilisé pour décrire ou faire référence à des croyants qui, par leur foi en Christ, ont été déclarés justes, et qui vivent donc droitement, selon les balises établies par la Parole de Dieu.

Ce terme est traduit par « juste » lorsqu'il désigne Dieu le Père (Ps 145.17) ou le Fils (Mt 27.19 ; Ac 3.14). Lorsqu'il est utilisé pour désigner les hommes, il peut décrire leur conduite conforme aux exigences de la loi (voir 1 Ti 1.9 ; Ro 8.4).

Il est néanmoins possible que quelqu'un semble extérieurement se conformer aux standards de Dieu sans être né de nouveau. C'était le cas des scribes et des pharisiens, qui extérieurement paraissaient justes, mais qui intérieurement ne l'étaient pas (Mt 9.11-13 ; 23.27,28). Bien qu'il soit possible qu'une personne semble juste sans être réellement pieuse ou sainte, il n'est pas possible d'être vraiment saint sans être aussi juste. Ceci pourrait expliquer pourquoi le terme *dikaios* (juste ou droit) est parfois associé avec le terme *hosios* (saint). C'est d'ailleurs le cas dans Tite 1.8.

En somme, l'ancien doit non seulement être croyant (1 Ti 3.6 ; Tit 1.8,9), mais il doit aussi démontrer le fruit de sa justification et de sa sanctification par une vie juste et droite dans ses relations avec les autres (Ja 2.14 ; 1 Jn 4.20,21).

Juste | Son intégrité

Lorsqu'un ancien est à la fois juste et saint, il manifeste le caractère même de Dieu (Jn 17.25 ; Ap 16.5) et suit également l'exemple de Paul (1 Th 2.10).

....

Pour tous les chrétiens >>

« Vous êtes témoins, et Dieu l'est aussi, que nous avons eu envers vous qui croyez une conduite sainte, juste et irréprochable » (1 Th 2.10).

« Soyez tous mes imitateurs, frères, et portez les regards sur ceux qui marchent selon le modèle que vous avez en nous » (Ph 3.17).

....

Questions >> (1-Non, 2-Plutôt non, 3-Neutre, 4-Plutôt oui, 5-Oui)

- Est-il juste et honnête dans ses rapports avec les autres ? _____
- Écoute-t-il les deux versions d'une histoire avant d'en tirer des conclusions ? _____
- Les gens se tournent-ils vers lui pour recevoir des conseils ? _____
- Serait-il capable d'expulser de l'Église une personne qui doit être écartée de la communion, et ce, avec confiance et justice ? _____

Inscrivez le total des points ici et dans la grille d'évaluation à la page 79. _____

Est un modèle

 Son intégrité

Résumé :

Un ancien doit vivre sa vie en étant conscient qu'il est un modèle pour les gens qui sont sous sa responsabilité.

Verset clé :

« Paissez le troupeau de Dieu […] en étant les modèles du troupeau » (1 Pi 5.2,3).

Description >>

Il en sera du sacrificateur comme du peuple, dit Osée (Os 4.9). Le lien évident entre la force du leadership et le caractère du troupeau se voit dans les Églises aujourd'hui. Le Seigneur nous le rappelle : « tout disciple accompli sera comme son maître » (Lu 6.40). Ainsi, Pierre souligne l'importance d'être « les modèles du troupeau (1 Pi 5.3).

Paul rejoint Pierre en se désignant lui-même comme modèle. Il écrit aux Corinthiens : « Soyez mes imitateurs, comme je le suis moi-même de Christ » (1 Co 11.1). Il dit aux Philippiens « Ce que vous avez appris, reçu et entendu de moi, et ce que vous avez vu en moi, pratiquez-le » (Ph 4.9). Il affirme aussi aux anciens d'Éphèse « Vous savez de quelle manière, depuis le premier jour où je suis entré en Asie, je me suis sans cesse conduit avec vous » (Ac 20.18).

Ainsi, si nous voulons suivre l'exemple de Paul, tout ancien devrait pouvoir se présenter à l'Église comme un modèle à suivre. Paul écrit ceci à son jeune protégé : « sois un modèle pour les fidèles » (1 Ti 4.12). Voilà une énorme responsabilité pour les anciens. Comme le dirait Cotton Mather, le prédicateur puritain : « C'est un mandat auquel tous les anges du ciel pourraient aspirer pendant mille ans. »

DIEU A ÉTABLI UN STANDARD ÉLEVÉ POUR LES RESPONSABLES D'ÉGLISES. MAINTENANT, SOYEZ À LA HAUTEUR !

Est un modèle | Son intégrité

Ce principe fonctionne dans les deux sens. L'auteur de l'épître aux Hébreux demande trois choses à ses lecteurs : souvenez-vous de vos conducteurs, considérez quelle a été la fin de leur vie, et imitez leur foi (Hé 13.7). Dieu a établi un standard élevé pour les responsables d'Églises. Maintenant, soyez à la hauteur !

....

Pour tous les chrétiens >>

« en sorte que vous êtes devenus un modèle pour tous les croyants de la Macédoine et de l'Achaïe » (1 Th 1.7).

« Que personne ne méprise ta jeunesse, mais sois un modèle pour les fidèles, en parole, en conduite, en amour, en foi, en pureté » (1 Ti 4.12).

....

Questions >> (1-Non, 2-Plutôt non, 3-Neutre, 4-Plutôt oui, 5-Oui)

- Les autres regardent-ils le candidat comme un modèle de foi et de maturité spirituelle ? _____
- Se comporte-t-il consciemment d'une manière que les autres peuvent imiter ? _____
- Voyez-vous des gens imiter le candidat dans certains aspects de leur vie ? _____
- A-t-il le désir d'accompagner d'autres croyants dans leur marche avec le Seigneur, et l'a-t-il déjà fait ? _____

Inscrivez le total des points ici et dans la grille d'évaluation à la page 79. _____

Attaché à la Parole

 Son rapport avec la Parole

Résumé :
Les anciens doivent être solidement fondés dans la Parole de Dieu, la communiquant fidèlement, et corrigeant avec fermeté ceux qui s'en écartent.

Verset clé :
« s'il s'y trouve quelque homme [...] attaché à la vraie parole telle qu'elle a été enseignée, afin d'être capable d'exhorter selon la saine doctrine et de réfuter les contradicteurs » (Tit 1.9).

Description >>

Comme un bon berger conduit son troupeau vers les meilleurs pâturages (Ps 23.2), les anciens devraient nourrir leur troupeau de la meilleure nourriture, soit la Parole de Dieu. L'Écriture « donne la vie » (Ro 4.17), elle est la « nourriture solide » (Hé 5.14), le « lait spirituel » (1 Pi 2.2), la « santé » (Pr 4.22). Elle n'a pas besoin de suppléments (Pr 30.6), ni d'être enrichie (1 Pi 2.2).

Six grands principes définissent cette qualité :

1. Un ancien, en sa qualité de berger du troupeau de Dieu, doit être lui-même solidement fondé dans la Parole de Dieu. Il ne devrait pas être faible ni ambivalent au sujet de ce qu'il croit. Il doit « *[s'efforcer de se présenter]* devant Dieu comme un homme éprouvé, un ouvrier qui n'a point à rougir, qui dispense droitement la parole de la vérité » (2 Ti 2.15).

2. Les anciens doivent présenter tout le conseil de Dieu à tout le spectre des croyants, aux différents stades de leur marche chrétienne. Paul dit aux anciens d'Éphèse qu'il a annoncé à l'Église « tout le conseil de Dieu, sans en rien cacher », c'est-à-dire toute l'Écriture (Ac 20.27). Il s'est d'abord adressé aux nouveaux convertis qui ont besoin du « lait spirituel et pur » (1 Pi 2.2), puis il s'est adressé ensuite aux croyants matures, ceux qui devraient être capables

Attaché à la Parole | Son rapport avec la Parole

d'enseigner les plus jeunes (Hé 5.11-14 ; voir aussi les enseignements de Paul à Timothée et Tite).

3. Le bon berger doit dispenser droitement et fidèlement la Parole (2 Ti 2.15). Il doit comprendre les principes d'une saine herméneutique.

4. Un ancien qui a un cœur de berger prend soin d'appliquer la Parole à sa propre vie d'abord, pour ensuite l'enseigner aux autres (1 Ti 4.6,12-16 ; Tit 2.6-8 ; Ac 20.28).

5. Un ancien pieux doit prêcher hardiment la Parole de Dieu (2 Ti 4.1-4).

6. Un ancien qui est un bon pasteur doit corriger l'erreur lorsqu'un croyant s'écarte de la Parole (1 Ti 1.3-5 ; 2 Ti 2.24-26).

Pour tous les chrétiens >>

« Craignons donc, tandis que la promesse d'entrer dans son repos subsiste encore, qu'aucun de vous ne paraisse être venu trop tard. Car cette bonne nouvelle nous a été annoncée aussi bien qu'à eux ; mais la parole qui leur fut annoncée ne leur servit de rien, parce qu'elle ne trouva pas de la foi chez ceux qui l'entendirent » (Hé 4.1,2).

Questions >> (1-Non, 2-Plutôt non, 3-Neutre, 4-Plutôt oui, 5-Oui)

- Le candidat a-t-il les mêmes convictions que les autres anciens de l'Église sur les doctrines majeures ? _____

- Lors des discussions, prend-il position en se basant sur la Parole de Dieu ? _____

- Est-il constamment en train de méditer la Parole, étant prêt à l'utiliser à tout moment dans sa vie personnelle et dans ses interactions avec les autres ? _____

- Est-il de toute évidence soumis à la Parole de Dieu (conviction de péché, repentance, changement de position suite à une lecture biblique ? _____

Inscrivez le total des points ici et dans la grille d'évaluation à la page 79. _____

Propre à l'enseignement

 Son rapport avec la Parole

Résumé :
Sans être obligatoirement un enseignant doué, un ancien doit être capable d'expliquer les grandes vérités chrétiennes au moyen de la Bible et de défendre la saine doctrine.

Verset clé :
« Il faut donc que l'évêque soit […] propre à l'enseignement » (1 Ti 3.2).

Description >>

Cette qualité est étroitement liée à la précédente, « attaché à la parole » (Tit 1.9a). Un ancien ne doit pas seulement être « attaché à la vraie parole », mais il doit aussi être capable « d'exhorter selon la saine doctrine et de réfuter les contradicteurs » (Tit 1.9b). Pour ce faire, il doit être « propre à enseigner » la Parole. La même exigence s'applique à quiconque veut être un « serviteur du Seigneur » (2 Ti 2.24).

Le mot « kidaktos », traduit « propre à » ou « capable » (voir Segond 21) est utilisé seulement deux fois dans l'Écriture et seulement une fois en dehors de la Bible (dans une œuvre de Philon d'Alexandrie). À cause de cette rareté, il est difficile d'être précis quant à sa signification, mais disons simplement qu'un ancien doit avoir une certaine aptitude à « [dispenser] droitement la parole de la vérité » (2 Ti 2.15). Cela signifie qu'il doit être capable de démontrer dans l'Écriture des principes vrais et fondés, et de les appliquer aux situations de la vie courante qu'il rencontrera dans son ministère de berger. Un ancien n'est pas tenu d'avoir le don d'enseignement (1 Co 12.28,29 ; Ro 12.7), puisque son ministère principal ne doit pas forcément être la prédication ou l'enseignement systématique. Il a plutôt la capacité d'exposer la Parole de Dieu lorsque le besoin s'en fait sentir, que ce soit en public ou en privé. Comment pourrait-il protéger le troupeau contre les

Propre à l'enseignement | Son rapport avec la Parole

fausses doctrines si ce n'est en expliquant la saine doctrine de la Parole ?

Le ministère des anciens inclut une bonne part d'enseignement de la Parole. Certains sont doués pour l'enseignement systématique du dimanche matin. D'autres sont plus à l'aise comme enseignant d'école du dimanche ou comme leader de petit groupe. Mais tous devraient être aptes à exposer l'Écriture lorsqu'on le leur demande, ou lorsque cela est nécessaire pour les soins pastoraux.

Pour tous les chrétiens >>

« Vous, en effet, qui depuis longtemps devriez être des maîtres, vous avez encore besoin qu'on vous enseigne les principes élémentaires des oracles de Dieu, vous en êtes venus à avoir besoin de lait et non d'une nourriture solide » (Hé 5.12).

Questions >> (1-Non, 2-Plutôt non, 3-Neutre, 4-Plutôt oui, 5-Oui)

- Le candidat aime-t-il lire et étudier la Parole lorsqu'il prépare un enseignement ?
- Y a-t-il une croissance visible chez ceux à qui il enseigne la Parole ?
- Est-ce qu'il inclut naturellement des passages bibliques dans ses conversations ?
- Prend-il une part active dans les études bibliques en petit groupe, démontrant une capacité d'expliquer l'Écriture ?

Inscrivez le total des points ici et dans la grille d'évaluation à la page 79.

Exhorte selon la saine doctrine

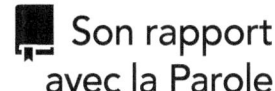 Son rapport avec la Parole

Résumé :
Un ancien doit être capable de proclamer et d'enseigner en tout temps les doctrines essentielles de l'Écriture.

Verset clé :
« Il faut donc que l'évêque soit […] capable d'exhorter selon la saine doctrine et de réfuter les contradicteurs » (Tit 1.9).

Description >>

Un berger sous l'autorité du souverain Berger se doit de garder et de s'attacher fermement à la vraie parole (Tit 1.9a). Il doit être capable « d'exhorter selon la saine doctrine et de réfuter les contradicteurs » (Tit 1.9b). Les anciens doivent être des hommes qui connaissent la Parole de Dieu et qui proclament les paroles de Dieu. Puisque l'Église locale est « la colonne et l'appui de la vérité » (1 Ti 3.15b), ses conducteurs doivent être de solides piliers quant à la doctrine biblique, faute de quoi tout l'édifice risque de s'écrouler.

Au strict minimum, un ancien doit adhérer fermement à l'enseignement biblique orthodoxe et historique. Le Seigneur cherche des anciens qui s'affairent à prêcher et à enseigner la Parole de Dieu. C'est là SON plan ! Il ne les appelle pas simplement à se présenter aux réunions du conseil pour prendre des décisions, mais à protéger et à enseigner la saine doctrine.

Exhorter selon la saine doctrine signifie que l'ancien est là pour encourager, réconforter et édifier les croyants. Pour ce faire, il doit connaître la saine doctrine, car la Parole de Dieu et la saine doctrine encouragent, réconfortent et édifient les croyants. Ainsi, un ancien doit être caractérisé par l'intégrité doctrinale et par sa capacité à la communiquer aux autres en diverses situations.

Exhorte selon la saine doctrine | Son rapport avec la Parole

Il est important de souligner qu'un ancien doit posséder une certaine capacité à enseigner (1 Ti 3.3). Cela ne veut pas dire qu'il doit être un orateur doué ou un prédicateur accompli, mais tous les anciens doivent savoir communiquer à d'autres l'Évangile et un enseignement biblique solide.

Paul instruit Timothée : « prêche la parole, insiste en toute occasion, favorable ou non, reprends, censure, exhorte, avec toute douceur et en instruisant. Car il viendra un temps où les hommes ne supporteront pas la saine doctrine ; mais, ayant la démangeaison d'entendre des choses agréables, ils se donneront une foule de docteurs selon leurs propres désirs » (2 Ti 4.2,3). Nous avons besoin d'anciens adhérant à la saine doctrine et qui soient capables de l'enseigner.

Pour tous les chrétiens >>

« Vous, en effet, qui depuis longtemps devriez être des maîtres, vous avez encore besoin qu'on vous enseigne les principes élémentaires des oracles de Dieu, vous en êtes venus à avoir besoin de lait et non d'une nourriture solide » (Hé 5.12).

« Que la parole de Christ demeure en vous dans toute sa richesse ; instruisez-vous et exhortez-vous les uns les autres en toute sagesse, par des psaumes, par des hymnes, par des cantiques spirituels, chantant à Dieu dans vos cœurs en vertu de la grâce » (Col 3.16).

Questions >> (1-Non, 2-Plutôt non, 3-Neutre, 4-Plutôt oui, 5-Oui)

- Le candidat a-t-il une bonne compréhension d'une variété de doctrines bibliques ?
- Fait-il l'effort de dire la vérité avec amour ?
- A-t-il étudié avec soin certaines doctrines afin de s'assurer que ses positions sont bibliquement fondées ?
- Est-il capable d'expliquer clairement certains éléments de doctrine ?

Inscrivez le total des points ici et dans la grille d'évaluation à la page 79.

Réfute les contradicteurs

 Son rapport avec la Parole

Résumé :

Un ancien doit être capable d'identifier et de réfuter en tout temps l'erreur doctrinale sous toutes ses formes.

Verset clé :

« Il faut donc que l'évêque soit [...] capable [...] de réfuter les contradicteurs » (Tit 1.9).

Description >>

Un ancien a le mandat d'enseigner de façon positive, soit de proclamer la saine doctrine, mais il a aussi la responsabilité de sa contrepartie négative, soit de réfuter l'erreur.

De nos jours, cette aptitude requise des anciens est grandement ignorée, si elle n'est pas carrément perdue. Les bergers qui veillent sur l'Église sont mandatés de réfuter l'erreur doctrinale. Cette responsabilité ne peut être éludée ou ignorée. Elle doit être pleinement assumée.

L'Écriture établit clairement que la principale arme utilisée par Satan contre l'Église est la fausse doctrine (Jn 8.44). L'ancien, par amour et bienveillance envers l'Église, doit se tenir debout et réfuter l'erreur. Comme un berger qui protège le troupeau contre les loups, l'ancien doit protéger le peuple de Dieu contre la fausse doctrine et l'erreur (Ac 8.28,29 ; 1 Ti 1.20).

Le mandat de reprendre et de réfuter n'est certes pas très populaire. Nos sensibilités culturelles empêchent souvent les anciens de réfuter l'erreur ; il n'est pas bien vu d'exposer la fausse doctrine et l'erreur. L'ancien qui le fait risque de souffrir des conséquences de s'être attaqué aux croyances et convictions de ceux qui sont séduits. Réfuter l'erreur n'est pas une tâche pour les faibles, mais être un berger du troupeau ne l'est pas non plus ! Néanmoins ce rôle est très important. Des vies en dépendent.

L'objectif de la réfutation n'est pas de détruire les personnes,

Réfute les contradicteurs | Son rapport avec la Parole

mais de les préserver des conséquences de l'erreur et de la fausse doctrine (2 Ti 2.24-26). Le réel objectif des anciens est de voir les personnes être restaurées, et pas seulement réfutées.

Concrètement, l'ancien doit avoir une très bonne compréhension de la saine doctrine. Il doit être un homme de la Parole. Mais sa connaissance et sa proclamation de la Parole de Dieu ne doivent pas rester passives : il doit activement réfuter l'erreur. Il doit activement exposer la fausse doctrine et l'hypocrisie.

Pour tous les chrétiens >>

« Je m'étonne de ce que vous vous détourniez si promptement de celui qui vous a appelés par la grâce de Christ, pour passer à un autre évangile. Non pas qu'il y ait un autre évangile, mais il y a des gens qui vous troublent, et qui veulent altérer l'évangile de Christ » (Ga 1.6,7).

« [Ainsi], nous ne serons plus des enfants, flottants et emportés à tout vent de doctrine, par la tromperie des hommes, par leur ruse dans les moyens de séduction, mais en professant la vérité dans l'amour, nous croîtrons à tous égards en celui qui est le chef, Christ » (Ép 4.14,15).

Questions >> (1-Non, 2-Plutôt non, 3-Neutre, 4-Plutôt oui, 5-Oui)

- Le candidat est-il capable de réfuter fermement celui qui enseigne une fausse doctrine ? _____
- Est-il capable d'identifier la fausse doctrine lorsqu'il la rencontre ? _____
- Combat-il la fausse doctrine, même si elle émane de quelqu'un qu'il respecte ? _____
- Parvient-il à déceler et à réfuter les manipulations subtiles qu'utilisent les faux docteurs pour convaincre leur auditoire ? _____

Inscrivez le total des points ici et dans la grille d'évaluation à la page 79. _____

Mari d'une seule femme

 Sa famille

Résumé :

Un ancien doit avoir une réputation irréprochable en ce qui concerne sa vie sexuelle et conjugale. Il est fidèle à son épouse et ne fait pas de charme aux autres femmes.

Verset clé :

« Il faut donc que l'évêque soit […] mari d'une seule femme » (1 Ti 3.2).

« s'il s'y trouve quelque homme […] mari d'une seule femme » (Tit 1.6).

Description >>

Certains pensent que cette expression signifie « une femme à la fois », mais la polygamie n'était pas un problème dans l'Église ni dans la société à l'époque de l'Église primitive. D'autres comprennent qu'elle signifie « une seule femme durant toute la vie », ce qui disqualifierait un veuf s'étant remarié. On peut difficilement imaginer comment une telle situation affecterait la capacité d'un homme à être ancien. La locution devrait être comprise comme « le genre d'homme qui n'a d'yeux que pour sa propre femme ». Une telle paraphrase est certainement acceptable si on se base sur le texte grec, et nous croyons que c'est là la meilleure interprétation. Voilà une exigence plus élevée que le simple fait d'être marié. Cela signifie qu'un ancien doit avoir une réputation irréprochable concernant sa vie sexuelle et conjugale. Il doit être irrépréhensible dans ses interactions avec le sexe opposé. Son affection est réservée exclusivement pour son épouse et il ne fait pas de charme aux autres femmes.

Tout compromis en ce domaine de la vie d'un ancien déshonore le nom de Christ, détruit son intégrité et son témoignage, et amène la confusion et le compromis dans l'Église locale. En cette époque de corruption morale, les anciens doivent être proactifs dans ce domaine.

Les anciens entre eux devraient faire preuve d'ouverture, de sensibilité, de redevabilité concernant ce problème, et prier pour leur protection. Une politique encadrant les interactions d'un ancien avec le sexe opposé peut s'avérer utile. Celle-ci pourrait inclure des directives telles que de ne pas rencontrer une femme seul, ni dans son bureau, ni dans une maison ; ne pas faire de voyage d'affaires seul avec une collègue de travail, ni voyager seul avec une femme dans une voiture.

Même si un ancien n'a pas à lutter avec l'immoralité, il doit se demander comment ses interactions avec le sexe opposé sont perçues par les autres. Il doit être sage même lors de conversations banales et dans sa façon de saluer les femmes. La compassion et la gentillesse que démontre un ancien envers une femme, s'il manque de précautions, peuvent être interprétées comme autre chose. « Que la débauche, ni aucune impureté, ni la cupidité, ne soient pas même nommées parmi vous, ainsi qu'il convient à des saints » (Ép 5.3).

....

Pour tous les chrétiens >>

« Maris, que chacun aime sa femme, comme Christ a aimé l'Église, et s'est livré lui-même pour elle, afin de la sanctifier en la purifiant et en la lavant par l'eau de la Parole, pour faire paraître devant lui cette Église glorieuse, sans tache, ni ride, ni rien de semblable, mais sainte et irréprochable » (Ép 5.25-27 ; voir aussi Mt 19.4-9).

....

Questions >> (1-Non, 2-Plutôt non, 3-Neutre, 4-Plutôt oui, 5-Oui)

- Le candidat maîtrise-t-il les enseignements bibliques sur le divorce et le remariage ? _____
- Est-il fidèle à sa femme physiquement et émotionnellement ? (S'il est célibataire, contrôle-t-il bien ses pulsions sexuelles ?) _____
- Les femmes dans l'Église se sentent-elles à l'aise et en sécurité près de lui ? _____
- Est-il ouvert et honnête à propos de la tentation sexuelle ? _____

Inscrivez le total des points ici et dans la grille d'évaluation à la page 79. _____

SES ENFANTS SONT OBÉISSANTS

 Sa famille

Résumé :

Les enfants d'un ancien doivent lui être obéissants et respecter son autorité sur sa famille.

Verset clé :

« Il faut donc que l'évêque […] dirige bien sa propre maison, et qu'il tienne ses enfants dans la soumission et dans une parfaite honnêteté » (1 Ti 3.4,5).

Description >>

L'élément principal permettant d'évaluer la façon dont un homme prend soin de sa famille est la conduite de ses enfants. Bien diriger sa maison et tenir ses enfants dans la soumission (1 Ti 3.4) signifie qu'il guide ses enfants comme un père attentionné et responsable. Il n'est pas un tyran, ni une brute.

Un ancien qualifié prend soin de l'âme de ses enfants d'une manière respectable et digne, répondant de leurs besoins émotionnels et spirituels. Il n'est pas seulement un spécialiste de la discipline qui obtient l'obéissance par des punitions rigides.

Il personnifie Éphésiens 6.4 : « pères, n'irritez pas vos enfants, mais élevez-les en les corrigeant et en les instruisant selon le Seigneur ». Il parle à leur cœur dans une relation caractérisée par l'amour, ne cherchant pas seulement à obtenir d'eux un comportement adéquat.

La manifestation visible de la capacité d'un homme à bien diriger sa propre maison est que ses enfants lui sont soumis et respectent son leadership. Tite 1.6 ajoute que ses enfants ne sont pas indisciplinés ni turbulents, ils ne sont « ni accusés de débauche ni rebelles ». Tite 1.6 parle d'« enfants fidèles » ; nous prenons cette expression dans le sens où les enfants sont fidèles

> **UN ANCIEN QUALIFIÉ PREND SOIN DE L'ÂME DE SES ENFANTS.**

Ses enfants sont obéissants | Sa famille

à l'enseignement et à la discipline de leur père. Cela ne veut pas dire que tous les enfants des anciens doivent être d'authentiques croyants, car c'est là l'œuvre du Saint-Esprit. Mais la capacité d'un homme à conduire et à diriger le peuple de Dieu est proportionnelle à sa capacité à garder ses enfants dans une bonne conduite.

En somme, bien diriger sa maison se rapporte à un ancien qui exerce son autorité d'une manière digne, ce qui a pour résultat que sa famille démontre, par sa bonne conduite, qu'elle respecte son autorité.

....

Pour tous les chrétiens >>

« Et vous, pères, n'irritez pas vos enfants, mais élevez-les en les corrigeant et en les instruisant selon le Seigneur » (Ép 6.4).

« mais en professant la vérité dans l'amour, nous croîtrons à tous égards en celui qui est le chef, Christ » (Ép 4.15).

....

Questions >> (1-Non, 2-Plutôt non, 3-Neutre, 4-Plutôt oui, 5-Oui)

- Les enfants du candidat se conduisent-ils bien en public, et respectent-ils les adultes ? _____
- A-t-il une saine relation avec ses enfants ; le respectent-ils, ainsi que ses paroles ? _____
- Parvient-il à ne pas irriter ses enfants ? _____
- Ses enfants ont-ils une haute estime de lui et le respectent-ils ? _____

Inscrivez le total des points ici et dans la grille d'évaluation à la page 79. _____

Dirige bien sa propre maison

🏠 Sa famille

Résumé :
La capacité d'un homme à bien prendre soin de sa famille est indispensable pour qu'il puisse bien prendre soin de la famille de Dieu. Elle démontre la qualité de son leadership.

Verset clé :
« Il faut donc que l'évêque [...] dirige bien sa propre maison, et qu'il tienne ses enfants dans la soumission et dans une parfaite honnêteté (car si quelqu'un ne sait pas diriger sa propre maison, comment prendra-t-il soin de l'église de Dieu ?) » (1 Ti 3.4,5.)

Description >>

La capacité d'un ancien à bien diriger sa propre maison est essentielle pour qu'il soit apte à diriger la famille de Dieu. Cet enjeu est crucial puisque c'est dans sa propre maison qu'un homme fait ses classes avant de prendre de plus grandes responsabilités. L'Église n'est pas une entreprise. Le rôle d'un ancien n'est pas celui d'un patron ou d'un PDG, mais il est plutôt une figure paternelle qui protège, dirige, soigne et nourrit le troupeau avec douceur. Ceux qui veulent servir comme anciens aspireront à cet idéal : « Ayez en vous les sentiments qui étaient en Jésus-Christ : existant en forme de Dieu, il n'a point regardé son égalité avec Dieu comme une proie à arracher, mais il s'est dépouillé lui-même, en prenant une forme de serviteur, en devenant semblable aux hommes ; et il a paru comme un vrai homme, il s'est humilié lui-même, se rendant obéissant jusqu'à la mort, même jusqu'à la mort de la croix » (Ph 2.5-8).

Comme Christ, un ancien n'utilisera pas sa position d'autorité pour servir ses propres intérêts. Il l'utilisera plutôt pour bénir les autres et leur faire du bien. Un ancien n'est pas un professionnel de la religion. Il est plutôt un

Dirige bien sa propre maison | Sa famille

serviteur-conducteur qui donne sa vie pour les brebis. La vie familiale d'un ancien indiquera quel type de berger il est.

Si un homme n'arrive pas à bien diriger un troupeau aussi petit que sa famille, il ne sera pas plus capable de gérer la famille de Dieu, qui est bien plus nombreuse. Il peut être un homme d'affaires prospère et un leader exceptionnel dans sa communauté, mais le vrai test d'aptitude à être ancien a lieu derrière les portes closes de sa maison. C'est là que ses capacités et son caractère sont révélés. Est-il un dictateur ? Est-il mesquin, dur, contrôlant, ou distant ? Agit-il d'une manière en privé avec sa famille et d'une autre en public ?

Un ancien doit être capable de bien diriger sa propre maison.

Pour tous les chrétiens >>

« Pères, n'irritez pas vos enfants, mais élevez-les en les corrigeant et en les instruisant selon le Seigneur » (Ép 6.4).

Questions >> (1-Non, 2-Plutôt non, 3-Neutre, 4-Plutôt oui, 5-Oui)

- Le candidat prend-il plaisir à diriger sa famille dans le domaine spirituel ? _____
- Prend-il l'initiative pour développer le caractère de ses enfants ? _____
- Sa maison est-elle en ordre, en bon état, propre ? _____
- Tient-il un budget de ses finances personnelles ? _____

Inscrivez le total des points ici et dans la grille d'évaluation à la page 79. _____

Ami du bien

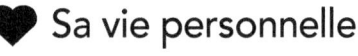 Sa vie personnelle

Résumé :

Un ancien aime le bien et c'est ce qui domine ses pensées, établit ses priorités et motive ses activités.

Verset clé :

« Il faut que l'évêque soit […] ami des gens de bien » (Ti 1.8).

Description >>

Le cœur d'un homme est révélé par ce qu'il aime. Ce qu'un homme aime devient sa passion, la chose à laquelle il attribue une grande valeur, qui lui procure beaucoup de plaisir et pour laquelle il est prêt à travailler dur et longtemps. C'est ce qui dominera ses pensées et ses motivations et qui déterminera ses priorités.

Un homme bon aime le bien (Pr 21.15), tandis qu'un homme méchant aime le mal (Pr 1.22 ; 2.14 ; 10.23 ; 15.21). Paul sous-entend qu'un ancien aime ce qui est réellement bien, et pas seulement ce que Satan, la chair ou le monde appelle « bien » (pensons à la façon dont Satan a trompé Ève concernant ce qui était bien). Comment donc peut-on discerner avec certitude ce qui est réellement bien ? L'ultime standard du « bien » est Dieu (Ex 33.19 ; Mt 19.17), donc le bien doit être en conformité avec sa nature. Dans Philippiens 4.8, Paul énumère les bonnes choses qui devraient faire l'objet de nos pensées. Michée affirme clairement : « On t'a fait connaître, ô homme ce qui est bien ; et ce que l'Éternel demande de toi, c'est que tu pratiques la justice, que tu aimes la miséricorde, et que tu marches humblement avec ton Dieu » (Mi 6.8).

Tous les chrétiens sont enjoints à s'attacher fortement au bien (Ro 12.9 ; Ph 4.8) ; un ancien doit donc être un modèle à suivre en ce sens. Notre Seigneur est le bon berger (Ps 23 ; Jn 10.14), et tout ancien est un bon berger dans la mesure où il imite sa façon de prendre soin du troupeau de Dieu. Un ancien qui

Ami du bien | Sa vie personnelle

aime le bien conduira les autres à aimer et à rechercher ce qui est bien, et s'efforcera de les éloigner du mal.

Pour tous les chrétiens >>

« Au reste, frères, que tout ce qui est vrai, tout ce qui est honorable, tout ce qui est juste, tout ce qui est pur, tout ce qui est aimable, tout ce qui mérite l'approbation, ce qui est vertueux et digne de louange, soit l'objet de vos pensées » (Ph 4.8).

Questions >> (1-Non, 2-Plutôt non, 3-Neutre, 4-Plutôt oui, 5-Oui)

- Les meilleurs amis du candidat sont-ils des chrétiens spirituels ? _____
- Se concentre-t-il sur la bonté de la grâce de Dieu dans sa vie plus que sur ses faiblesses et ses manquements ? _____
- Considère-t-il ce qu'il y a de meilleur chez les autres ? _____
- A-t-il une vision de la vie qui soit optimiste et pleine d'espoir, parce qu'elle est fondée sur l'Écriture ? _____

Inscrivez le total des points ici et dans la grille d'évaluation à la page 80. _____

MODÉRÉ

 Sa vie personnelle

Résumé :

Un ancien doit être posé et modéré, en contrôle de ses pensées, de ses émotions et de ses attitudes. Cela doit caractériser sa façon d'être et ses relations.

Verset clé :

« Il faut donc que l'évêque soit […] modéré » (1 Ti 3.2).

« Il faut que l'évêque soit […] modéré » (Tit 1.8).

Description >>

Le mot grec *sophrono* est traduit par « modéré » dans 1 Timothée 3.2 et dans Tite 1.8. Il contient l'idée de la maîtrise de soi ou de la « tempérance », un concept que l'on retrouve à la fin de Tite 1.8, mais venant d'un autre mot grec. Les traducteurs reconnaissent un certain chevauchement des concepts, mais il y a aussi des nuances entre les termes.

Tandis que l'autodiscipline fait surtout référence au contrôle de certaines pensées et de certains comportements spécifiques, la modération se rapporte plutôt à une façon d'être en général, soit de ne pas être porté aux excès ni aux changements brusques d'émotions, de comportements ou de perspective. Un ancien modéré ne change pas d'idée sur un coup de tête et ne suit pas les dernières modes. Il contrôle ses pensées, sa vie intérieure. « Car il est comme les pensées de son âme. Mange et bois ! Te dira-t-il ; mais son cœur n'est point avec toi » (Pr 23.7).

Un ancien ne devrait « pas avoir de lui-même une trop haute opinion ; mais […] revêtir des sentiments modestes, selon la mesure de foi que Dieu a départie à chacun » (Ro 12.3). Cette modestie illustre le « sacrifice vivant, saint, agréable à Dieu » qui devrait caractériser tous les croyants sérieux qui ont été « transformés par le renouvellement de l'intelligence » (Ro 12.1,2).

Un ancien modéré contrôle ses pensées puisqu'elles motivent ses actions. Il prend au sérieux ce qu'il a à faire et la manière dont il agit. Cette attitude devrait caractériser les hommes

Modéré | Sa vie personnelle

âgés et les jeunes femmes (Tit 2.2,5). Il devrait assurément en être ainsi également pour les anciens de l'Église.

La maîtrise de soi ou l'autodiscipline peut prendre racine chez un homme modéré. Par contre, un homme sensé qui manque de maîtrise de soi aura peu d'impact dans sa marche chrétienne. Un tel homme manque de puissance spirituelle et n'est d'aucune utilité pour conduire le peuple de Dieu dans la sainteté.

Pour tous les chrétiens >>

« Par la grâce qui m'a été donnée, je dis à chacun de vous de n'avoir pas de lui-même une trop haute opinion, mais de revêtir des sentiments modestes, selon la mesure de foi que Dieu a départie à chacun » (Ro 12.3).

Voir la parabole des dix vierges (Mt 25.1-13), où le Seigneur Jésus parle de l'importance d'être sage.

Questions >> (1-Non, 2-Plutôt non, 3-Neutre, 4-Plutôt oui, 5-Oui)

- Le candidat fait-il généralement preuve de bon sens, surtout dans le domaine financier ? _____
- Est-il apte à donner de bons conseils à propos des relations interpersonnelles ? _____
- Se réfère-t-il toujours à la Parole de Dieu lorsqu'il a des décisions à prendre ? _____
- Lui arrive-t-il de penser à de nouvelles façons de faire progresser l'Église ? _____

Inscrivez le total des points ici et dans la grille d'évaluation à la page 80. _____

Tempérant
(Maître de soi)

 Sa vie personnelle

Résumé :

Tandis que la licence caractérise la vie des non-croyants, la maîtrise de soi est essentielle pour tous les chrétiens, surtout pour les anciens, qui donnent l'exemple à tous les croyants.

Verset clé :

« Il faut que l'évêque soit [...] tempérant » (Tit 1.8).

Description >>

L'apôtre Paul voyait la maîtrise de soi comme un facteur clé pour régler la question des viandes sacrifiées aux idoles, ainsi que pour sa propre efficacité dans le ministère (1 Co 8). Il décrit aussi la maîtrise de soi dans des termes athlétiques : « Moi donc, je cours, non pas comme à l'aventure ; je frappe, non pas comme battant l'air. Mais je traite mon corps durement et je le tiens assujetti, de peur d'être moi-même désapprouvé après avoir prêché aux autres » (1 Co 9.26,27).

La tempérance est l'exercice de la maîtrise de soi en action de manière à éviter ce qui est nuisible et à poursuivre ce qui sera éternellement profitable. Elle est à la fois négative (éviter ce qui est nuisible) et positive (rechercher ce qui est spirituel et qui sera éternellement bénéfique). Elle fait partie des éléments essentiels de la maturité spirituelle dans 2 Pierre 1.6, suivant de près la foi, la vertu et la connaissance.

Pourquoi la maîtrise de soi est-elle importante ? Considérez les raisons suivantes :

- La licence caractérise notre ancien mode de vie de non-croyants (Tit 3.3 ; Ép 2.1-3) et de la chair (Ga 5.19-21).

- La licence caractérise les faux docteurs (És 56.10 ; Jé 23.1-12 ; Éz 34.1-16 ; 2 Pi 2.1-3). Elle définit aussi le style de vie des non-croyants à la fin des temps (2 Ti 3.1-5).

- Le manque de maîtrise de soi rend une personne vulnérable aux attaques de Satan (1 Co 7.5).

Tempérant | Sa vie personnelle

- La maîtrise de soi est requise de tous les chrétiens (2 Pi 1.6) et elle est un fruit de l'Esprit (Ga 5.22).
- La tempérance est nécessaire pour le développement et l'exercice des dons spirituels (2 Ti 1.6,7).
- Puisque les anciens doivent diriger par l'exemple, ils doivent faire preuve de tempérance dans leur propre vie.
- Le manque d'autodiscipline disqualifie un homme pour le rôle d'ancien (1 Co 9.27 ; Tit 1.8).

....

Pour tous les chrétiens >>

« Le fruit de l'Esprit, c'est [...] la maîtrise de soi » (Ga 5.22).

« *[joignez]* à la connaissance la maîtrise de soi » (2 Pi 1.6).

....

Questions >> (1-Non, 2-Plutôt non, 3-Neutre, 4-Plutôt oui, 5-Oui)

- Le candidat accomplit-il habituellement ses tâches dans le temps prévu ? _____
- Se présente-t-il aux rencontres à l'heure ? _____
- Contrôle-t-il sa langue ? _____
- Contrôle-t-il son alimentation ? _____

Inscrivez le total des points ici et dans la grille d'évaluation à la page 80. _____

Sobre

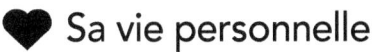 Sa vie personnelle

Résumé :

Un ancien devrait être sobre, c'est-à-dire équilibré dans ses pensées, ses comportements, et dans l'usage qu'il fait des bonnes choses ; il ne s'adonne pas aux excès insensés ou égoïstes.

Verset clé :

« Il faut que l'évêque soit […] sobre » (1 Ti 3.2).

Description >>

Un ancien ne devrait pas s'adonner à des excès insensés ou égoïstes ou qui créent une dépendance. Le mot « sobre » peut faire référence à l'usage raisonnable de l'alcool, mais puisque d'autres qualités s'attardent plus spécifiquement à cet aspect, nous croyons qu'il a un sens plus large. La bible *Martin 1744* utilise le mot « vigilant », qui met l'emphase sur l'implication de la sobriété. Un ancien doit réfréner son comportement et sa pensée afin de ne pas devenir insensible à la vérité : il doit demeurer vigilant.

Assurément, être sobre inclut l'équilibre en ce qui regarde l'alcool, la nourriture, les loisirs, les vêtements, l'apparence, les possessions matérielles, les sports, les divertissements, les médias et les conversations. Ces choses en elles-mêmes peuvent être bonnes et appropriées avec modération, mais lorsqu'elles étouffent la sensibilité spirituelle d'un homme à la vie et à la vérité, des problèmes surviennent. Dans 1 Timothée 3.11, par exemple, le mot « sobres » contraste avec la médisance, soit de se laisser aller à parler négativement des autres, ce qui rend éventuellement la personne médisante insensible aux besoins spirituels du moment. Dans 1 Thessaloniciens 5.6, l'expression « soyons sobres » s'oppose au fait d'être spirituellement endormi. Un chrétien spirituellement endormi ne peut être sobre ni vigilant, puisque son sommeil chasse sa vigilance.

Ainsi, un ancien est équilibré dans ses réactions aux situations difficiles, n'adoptant pas soudain des positions extrêmes. Il est capable d'évaluer les prétentions à la vérité et les idées

Sobre | Sa vie personnelle

alternatives, discernant les zones grises d'interprétation et d'application. Il évite d'avoir un dada, c'est-à-dire d'insister sur un sujet d'application de l'Écriture dont il se fait spécialiste et qui le met en valeur. Finalement, un ancien est posé dans sa façon d'interagir avec les gens. C'est un homme sobre, qui demeure vigilant face aux enjeux spirituels.

Pour tous les chrétiens >>

« les vieillards doivent être sobres, honnêtes, modérés, sains dans la foi, dans l'amour, dans la patience » (Tit 2.2).

Questions >> (1-Non, 2-Plutôt non, 3-Neutre, 4-Plutôt oui, 5-Oui)

- Le candidat renonce-t-il souvent à ses libertés individuelles pour le bien d'autrui ? _____
- Est-il capable de jouir des plaisirs de la vie sans en être dépendant ? _____
- Résiste-t-il à la tentation d'être submergé par les circonstances décourageantes ? _____
- Est-il libre de toute dette significative et incontrôlée (autre qu'une maison, une voiture ou une dette d'études) ? _____

Inscrivez le total des points ici et dans la grille d'évaluation à la page 80. _____

N'EST PAS UN NOUVEAU CONVERTI

 Sa vie personnelle

Résumé :
Un ancien ne doit pas être un nouveau converti, car alors il ne serait pas préparé à faire face aux pièges qui guettent les dirigeants d'Églises, notamment l'orgueil et les attaques du diable.

Verset clé :
« Il ne faut pas [que l'évêque] soit un nouveau converti, de peur qu'enflé d'orgueil il ne tombe sous le jugement du diable » (1 Ti 3.6).

Description >>

Les paroles de Paul ne mettent pas l'accent sur l'âge physique, mais sur la durée pendant laquelle un homme a été croyant. Le croyant qui l'est depuis peu est plus vulnérable à la tentation de l'orgueil qu'un croyant mature qui possède les autres qualités d'un ancien. L'orgueil d'un leader est extrêmement destructeur, et entraîne des dysfonctionnements au sein de l'Église (voir 1 Ti 6.3-5) ; il ne serait donc pas sage de placer un nouveau croyant dans une telle position. De plus, ce ne serait pas un service à lui rendre que de l'exposer, alors qu'il est en apprentissage, au piège satanique de l'orgueil alors qu'il n'est pas équipé pour y faire face. Il est moins apte à « veiller » sur lui-même, et encore moins sur l'église (Ac 20.28). Les nouveaux convertis n'ont tout simplement pas l'expérience ni les connaissances nécessaires pour reconnaître les tromperies et les attaques du diable lorsqu'elles se présentent.

Il faut du temps pour valider la profession de foi d'une personne et pour voir le développement de son caractère. Dans Tite 1, nous voyons l'exemple des judaïsants qui « [faisaient] profession de connaître Dieu, mais [qui le reniaient] par leurs œuvres » (Tit 1.16). La nomination trop hâtive d'un nouveau croyant équivaut à ignorer toutes les qualités requises, puisqu'il faut du temps

N'est pas un nouveau converti | Sa vie personnelle

pour voir les fruits de la sanctification (2 Pi 1.3-11).

Quand Paul a écrit à Timothée à Éphèse, les croyants étaient bien enseignés et des anciens étaient déjà en place (Ac 20.17-38). Lorsqu'il a écrit à Tite, les Églises de Crète étaient jeunes et ne comptaient pas d'ancien en poste (Tit 1.5). Les anciens qui y furent nommés, bien qu'étant des croyants récents en Christ, étaient probablement des Juifs ou des prosélytes pieux, et possédaient donc déjà un bon degré des qualités recherchées (p. ex., « beaucoup de Juifs et de prosélytes pieux suivirent Paul », Ac 13.43). Bien que l'implantation de nouvelles Églises puisse permettre, de façon exceptionnelle, que la conversion récente n'interdise pas la nomination d'un homme comme ancien, la règle générale demeure d'éviter de placer de nouveaux croyants dans le rôle d'ancien.

....

Pour tous les chrétiens >>

« Vous, en effet, qui depuis longtemps devriez être des maîtres, vous avez encore besoin qu'on vous enseigne les principes élémentaires des oracles de Dieu, vous en êtes venus à avoir besoin de lait et non d'une nourriture solide. Or, quiconque en est au lait n'a pas l'expérience de la parole de la justice ; car il est un enfant. Mais la nourriture solide est pour les hommes faits, pour ceux dont le jugement est exercé par l'usage à discerner ce qui est bien et ce qui est mal » (Hé 5.12-14).

....

Questions >> (1-Non, 2-Plutôt non, 3-Neutre, 4-Plutôt oui, 5-Oui)

- Le candidat a-t-il été un croyant depuis assez longtemps ? _____
- A-t-il traversé des expériences de vie difficiles ou des épreuves, et obtenu la victoire ? _____
- A-t-il appris à placer sa confiance dans les promesses de Dieu et les a-t-il vues s'accomplir ? _____
- A-t-il démontré son bon caractère en servant de façon fidèle dans un ministère ? _____

Inscrivez le total des points ici et dans la grille d'évaluation à la page 80. _____

N'EST PAS ADONNÉ AU VIN

 Sa vie personnelle

Résumé :
Un ancien ne doit pas être contrôlé par l'alcool, en abuser ou consommer de la drogue.

Verset clé :
« Il faut que l'évêque [ne soit pas] adonné au vin » (1 Ti 3.3).
« Il faut que l'évêque [ne soit pas] adonné au vin » (Tit 1.7).

Description >>

Un ancien ne doit pas être un gros buveur d'alcool. Dans les deux passages, cette qualité est suivie par « ni violent », ce qui fait allusion au genre de comportement qui résulte souvent de l'ivresse. L'abus d'alcool entraîne le contraire des autres qualités des anciens (sobre, modéré, ami du bien, etc.).

Le problème n'est pas la boisson elle-même, mais son abus. L'Écriture n'interdit pas à un ancien de boire du vin, mais en proscrit l'excès. Jésus lui-même, aux noces de Cana, a approuvé le vin comme une boisson légitime en changeant l'eau en vin. Il n'y a pas de preuve voulant que le vin à la dernière cène ne contenait pas d'alcool (bien que certains puissent remettre en question le pourcentage d'alcool qu'il contenait). Toutefois, les anciens doivent particulièrement prendre garde à eux-mêmes. L'Écriture met clairement en garde contre les dangers de l'alcool, donc les anciens doivent faire très attention à leur consommation à cause de ses conséquences possibles.

« Ne vous enivrez pas de vin, c'est de la débauche » (Ép 5.18). L'ivrognerie est une œuvre de la chair (Ga 5.21). « Le vin est moqueur, et les boissons fortes sont tumultueuses ; quiconque en fait excès n'est pas sage » (Pr 20.1).

L'abus d'alcool affecte les perceptions sensuelles d'un ancien (Pr 23.31-34), brouille son jugement (Pr 31.4) et abaisse ses inhibitions morales (Ha 2.15 ; Ge 9.21). Bref, l'abus d'alcool contrôle la personne au lieu que la personne contrôle sa consommation d'alcool. Un ancien ne devrait donc pas boire de façon excessive. Il ne devrait pas être sous le contrôle d'autres substances comme la marijuana, les sédatifs et les analgésiques. Un ancien devrait faire preuve de maîtrise de soi (Tit 1.8) et être conduit par l'Esprit (Ga 5.18) – deux choses qui, en passant, ne s'excluent pas mutuellement. En cette époque où l'abus d'alcool est monnaie courante, les anciens devraient donner à l'Église un exemple de modération et par moments d'abstinence complète pour le bien des croyants plus faibles.

Pour tous les chrétiens >>

« Ne vous enivrez pas de vin, c'est de la débauche. Soyez, au contraire, remplis de l'Esprit » (Ép 5.18).

« Le vin est moqueur, et les boissons fortes sont tumultueuses ; quiconque en fait excès n'est pas sage » (Pr 20.1).

Questions >> (1-Non, 2-Plutôt non, 3-Neutre, 4-Plutôt oui, 5-Oui)

- Est-il vrai que le candidat n'est dominé par aucun péché relatif à la consommation d'alcool ou d'autre substance ? _____
- S'assure-t-il qu'aucune des libertés individuelles dont il jouit ne risque de faire chuter un chrétien plus faible ? _____
- Est-il émotionnellement modéré ? _____
- Évite-t-il l'abus d'alcool et la consommation de drogues causant une dépendance ? _____

Inscrivez le total des points ici et dans la grille d'évaluation à la page 80. _____

DÉSIN-TÉRESSÉ

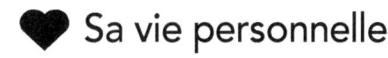 Sa vie personnelle

Résumé :

Un ancien devrait éviter l'amour de l'argent, parce que cela donne un exemple de mauvaises priorités et prive le peuple de Dieu de son amour, de ses soins, de son temps et de son énergie en tant que berger.

Verset clé :

« Il faut que l'évêque soit […] désintéressé » (1 Ti 3.3).

« Il faut que l'évêque [ne soit pas] porté à un gain honteux » (Tit 1.7).

« Paissez le troupeau de Dieu qui est sous votre garde […] selon Dieu, non pour un gain sordide » (1 Pi 5.2).

Description >>

Ce trait de caractère apparaît dans les trois listes de qualités des anciens. Tite 1.7 la présente comme « pas porté à un gain honteux », tandis que dans 1 Pierre 5.2 nous lisons « non pour un gain sordide ». L'idée centrale est la cupidité, soit le fait d'accorder une importance trop grande à l'argent. Ce péché et la racine de bien des maux encore aujourd'hui (1 Ti 6.10). En comparant la cupidité à l'idolâtrie (Ép 5.5 ; Col 3.5,6), Paul veut que nous comprenions bien que la cupidité est comparable au péché qui a causé la perte d'Israël. Elle peut éloigner un ancien de sa responsabilité de prendre soin du peuple de Dieu. Pierre ajoute que la cupidité caractérise les faux docteurs (2 Pi 2.2,3).

La cupidité est le désir coupable de posséder plus. Elle souille la grâce de Dieu, criant qu'il ne nous en a pas donné assez. Au cœur du problème se trouve un profond manque de contentement. En fait, l'antidote biblique à la cupidité est le contentement (1 Ti 6.6 ; Hé 13.5). Nous devons fuir la cupidité tout comme nous fuyons l'idolâtrie (1 Ti 6.10). Pourquoi ? Jésus l'a dit clairement : « Nul ne peut servir deux maîtres. Car, ou il haïra l'un, et aimera l'autre, ou il s'attachera à

Désintéressé | Sa vie personnelle

l'un, et méprisera l'autre. Vous ne pouvez servir Dieu et Mammon » (Mt 6.24).

Assurément, les anciens doivent subvenir à leurs propres besoins (1 Th 3.10) et à ceux de leur famille (1 Ti 5.8). Mais plus une personne poursuit la richesse au-delà des besoins de base, moins elle recherche le bien-être du peuple de Dieu. Car là où est notre trésor, là aussi sera notre cœur – et notre temps et notre énergie (Mt 6.20). Ainsi, en tant qu'anciens, nous sommes enjoints par trois fois à éviter ce péché.

....

Pour tous les chrétiens >>

« Car l'amour de l'argent est une racine de tous les maux ; et quelques-uns, en étant possédés, se sont égarés loin de la foi, et se sont jetés eux-mêmes dans bien des tourments » (1 Ti 6.10).

« Ne vous livrez pas à l'amour de l'argent ; contentez-vous de ce que vous avez » (Hé 13.5).

....

Questions >> (1-Non, 2-Plutôt non, 3-Neutre, 4-Plutôt oui, 5-Oui)

- Le candidat fait-il confiance à Dieu lorsqu'il a des soucis financiers ? _____
- Est-il généreux avec son argent envers les personnes dans le besoin ? _____
- Est-il clair qu'il donne généreusement pour l'œuvre de Dieu dans l'Église locale et dans les missions ? _____
- Son choix de carrière et son agenda hebdomadaire sont-ils influencés par son désir de servir les gens plus que par le désir de gagner plus d'argent ? _____

Inscrivez le total des points ici et dans la grille d'évaluation à la page 80. _____

HOSPITALIER

 **Ses relations**

Résumé :
L'hospitalité caractérise un ancien, qui inclut autrui dans sa vie et dans son cercle familial.

Verset clé :
« Il faut que l'évêque soit […] hospitalier » (1 Ti 3.2).
« Il faut que l'évêque soit […] hospitalier » (Tit 1.8).

Description >>

Les anciens doivent vivre ce qui est demandé de tous les chrétiens : une vie de sacrifice qui inclut l'hospitalité (Ro 12.13). Pierre l'exige comme étant une marque d'amour fervent pour les autres (1 Pi 4.8,9). L'épître aux Hébreux en fait une priorité, même au milieu de la persécution (Hé 13.1,2).

Le mot correspondant dans le texte originel est une combinaison de deux mots grecs signifiant « amour fraternel » et « étranger ». L'hospitalité consiste à prendre un tendre soin de personnes qui ne font pas naturellement partie de notre entourage (3 Jn 5,6). Marie, Marthe et Lazare invitaient souvent des gens chez eux, notamment le Seigneur Jésus Christ. Pensez à l'homme qui a prêté sa chambre haute à Jésus et ses disciples pour la dernière cène, et à la famille de Jean Marc, chez qui les disciples priaient quand Jacques et Jean ont été emprisonnés (Ac 12.12).

Un ancien hospitalier et un homme qui ouvre sa vie aux autres et leur permet de le voir dans son environnement intime. C'est là une démonstration puissante d'un amour humble, qui permet un vrai échange dans notre société impersonnelle de réseaux sociaux virtuels, rendant possible une proximité relationnelle et un partage profond. En tant que berger spirituel, l'hospitalité permet à un ancien de mieux connaître son troupeau et de se laisser connaître par lui. Jésus a dit « je connais mes brebis » (Jn 10.17). Dans une ambiance détendue et décontractée, l'hospitalité transmet aux invités le sentiment que vous les aimez et vous souciez d'eux, ce qui peut les aider à se sentir à

Hospitalier | Ses relations

l'aise de vous approcher lorsqu'ils ont un besoin particulier.

Le plus souvent dans la Bible, l'hospitalité se réfère à la nourriture et au logement. Les anciens devraient avoir l'habitude d'inviter régulièrement des gens chez eux pour un repas et, au besoin, pour dormir. Exercer l'hospitalité peut aussi vouloir dire inviter une jeune famille au restaurant, ou même aller prendre un café avec quelqu'un simplement pour passer du temps ensemble. Les anciens devraient être des hommes qui invitent des gens dans leur foyer. Est-ce étonnant que le ciel soit représenté comme un festin ?

Pour tous les chrétiens >>

« Par amour fraternel, soyez pleins d'affection les uns pour les autres […]. Exercez l'hospitalité » (Ro 12.10,13).

« N'oubliez pas l'hospitalité, car en l'exerçant, quelques-uns ont logé des anges, sans le savoir » (Hé 13.2).

Questions >> (1-Non, 2-Plutôt non, 3-Neutre, 4-Plutôt oui, 5-Oui)

- Le candidat utilise-t-il souvent sa maison pour faire du bien aux gens ? _____
- Aux réunions de l'Église, prend-il l'initiative de saluer les visiteurs ou les gens qu'il ne connaît pas ? _____
- Est-il généralement de bonne humeur ? _____
- Invite-t-il régulièrement des gens à l'Église ? _____

Inscrivez le total des points ici et dans la grille d'évaluation à la page 80. _____

Doux

 Ses relations

Résumé :

Les anciens doivent exercer leur autorité avec une douceur qui encourage les autres et qui invite ceux qui sont dans le besoin à se tourner vers eux pour recevoir de l'aide.

Verset clé :

« Il faut donc que le surveillant soit [...] doux » (*Darby* ; 1 Ti 3.3).

Description >>

Paul emploie ici un mot grec qui ne peut pas être traduit de façon nette par un seul mot français. Ce mot est traduit de plusieurs manières dans les différentes versions de la Bible : doux, indulgent, conciliant, aimable, éloigné des querelles. En fait, il englobe tous ces concepts. Paul nous aide à comprendre ce mot de différentes façons. D'abord, dans ce même verset, il oppose l'indulgence à la violence, et la relie ensuite à l'épithète de « pacifique ». Encore mieux, Paul personnifie la douceur dans sa propre vie et dans son ministère :

« Nous aurions pu nous imposer avec autorité comme apôtres de Christ, mais nous avons été pleins de douceur au milieu de vous. De même qu'une nourrice prend un tendre soin de ses enfants, [...] vous savez aussi que nous avons été pour chacun de vous ce qu'un père est pour ses enfants » (1 Th 2.7,11).

LA DOUCEUR CARACTÉRISE NOTRE DIEU

La douceur caractérise notre Dieu (Lu 1.78 ; Tit 3.4), et particulièrement le Seigneur Jésus (Mt 11.28-30 ; 12.20 ; Tit 3.4,5). Cette qualité est requise de tous les saints (Ga 5.23 ; Ép 4.31,32 ; Ph 4.5).

Pourquoi cette qualité est-elle particulièrement essentielle pour les anciens ? Les anciens ont une position d'autorité dans l'Église, une autorité sur la vie des autres. S'ils restent attachés à la Parole de Dieu, ils devraient aussi être « justes » dans leur enseignement, leur jugement et leur correction. Le problème est que cette autorité et cette

Doux | Ses relations

« justesse » peuvent facilement conduire à la dureté et à la sévérité. La sévérité tend à écraser les croyants plus vulnérables et à inhiber la participation requise de tous les saints. La douceur, au contraire, rend une personne plus accessible, et les anciens doivent décidément manifester cette qualité envers ceux dont ils sont responsables. Il y a fort à parier que c'est la douceur de notre Seigneur Jésus qui encourageait les pécheurs à se tourner vers lui pour obtenir de l'aide. Puisse Dieu nous accorder sa douceur et son amabilité dans notre façon de prendre soin des autres.

Pour tous les chrétiens >>

« Mais le fruit de l'Esprit, c'est [...] la douceur » (Ga 5.22,23).

Questions >> (1-Non, 2-Plutôt non, 3-Neutre, 4-Plutôt oui, 5-Oui)

- Le candidat fait-il preuve de flexibilité pour changer sa position sur des enjeux mineurs ? _____
- Fait-il preuve d'une bonne écoute envers les gens ? _____
- Est-il aimable et respectueux envers les plus démunis ? _____
- Est-il capable de veiller à la discipline des autres sans être autoritaire ? _____
- Est-il capable d'influencer les autres sans les forcer à agir comme il le veut ? _____

Inscrivez le total des points ici et dans la grille d'évaluation à la page 80. _____

NE CHERCHE PAS À DOMINER

 Ses relations

Résumé :

Un ancien ne doit pas dominer l'Église comme un maître ayant une autorité et un pouvoir absolus. Il doit être un conducteur-serviteur présentant toutes les autres qualités mentionnées.

Verset clé :

« Paissez le troupeau de Dieu [...] non comme dominant sur ceux qui vous sont échus en partage » (1 Pi 5.2,3).

Description >>

Un ancien ne doit pas « dominer » le troupeau (1 Pi 5.3), dans le sens d'assujettir la congrégation à sa propre volonté. Il n'est pas au sommet de la hiérarchie du leadership, toute autorité lui étant soumise. Le mot grec *katakurieuo* implique une forme de domination intense, joignant la racine *kurio* (seigneur) au préfixe *kata*, qui peut signifier « contre » ou « au-dessus de ». C'est un mot dur et péjoratif qui ne devrait jamais décrire un ancien.

C'est d'ailleurs le même mot qu'a utilisé Jésus pour avertir ses disciples : « Vous savez que les chefs des nations les tyrannisent (*katakurieuosin*, le pluriel du mot utilisé dans 1 Pi 5.3), et que les grands les asservissent. Il n'en sera pas de même au milieu de vous. Mais quiconque veut être grand parmi vous, qu'il soit votre serviteur ; et quiconque veut être le premier parmi vous, qu'il soit votre esclave. C'est ainsi que le Fils de l'homme est venu, non pour être servi, mais pour servir et donner sa vie comme la rançon de beaucoup » (Mt 20.25-28).

Cela ne veut pas dire que les anciens n'ont aucune autorité. Paul parle des anciens qui dirigent bien (1 Ti 5.17, où le mot *prohistemi* signifie diriger). D'ailleurs, il demande aux membres des Églises : « Obéissez à vos conducteurs et ayez pour eux de la déférence, car ils veillent sur vos âmes dont ils devront rendre compte » (Hé 13.17). Toutefois, un ancien ne devrait pas convoiter le

Ne cherche pas à dominer | Ses relations

pouvoir et le contrôle, comme « Diotrèphe, qui aime à être le premier parmi eux » (3 Jn 9). Il devrait diriger dans une attitude d'humble serviteur, comme un berger qui aime ses brebis et qui est prêt à donner sa vie pour elles. Si son leadership est caractérisé par toutes les autres qualités, il sera vraiment un conducteur-serviteur.

Pour tous les chrétiens >>

« Ne faites rien par esprit de parti ou par vaine gloire, mais que l'humilité vous fasse regarder les autres comme étant au-dessus de vous-mêmes [...] Ayez en vous les sentiments qui étaient en Jésus-Christ : existant en forme de Dieu, il n'a point regardé son égalité avec Dieu comme une proie à arracher, mais il s'est dépouillé lui-même, en prenant une forme de serviteur, en devenant semblable aux hommes » (Ph 2.3,5-7).

« Il n'en sera pas de même au milieu de vous. Mais quiconque veut être grand parmi vous, qu'il soit votre serviteur » (Mt 20.26).

Questions >> (1-Non, 2-Plutôt non, 3-Neutre, 4-Plutôt oui, 5-Oui)

- Le candidat évite-t-il d'user de manipulation pour obtenir ce qu'il veut ? _____
- Est-il capable de suivre la direction d'un autre sans résistance, même s'il n'est pas d'accord ? _____
- Fait-il preuve d'un désir de travailler en équipe ? _____
- Fait-il confiance à Dieu lorsque les autres ne suivent pas ses recommandations, plutôt que de réagir par la colère et la manipulation ? _____

Inscrivez le total des points ici et dans la grille d'évaluation à la page 80. _____

Pacifique

 Ses relations

Résumé :

Alors que les anciens doivent lutter avec des situations difficiles, et parfois même confronter et réfuter ceux qui sont dans l'erreur, ils ne doivent pas le faire d'une manière agressive ou antagoniste.

Verset clé :

« Il faut donc que l'évêque soit [...] pacifique » (1 Ti 3.2,3).

Description >>

La Nouvelle Édition de Genève traduit le mot grec par « pacifique », alors que la version Ostervald utilise l'expression « éloigné des querelles ». Plus tôt dans le même verset, Paul a mentionné qu'un ancien ne doit pas être violent ; toutefois, comme les conflits sont généralement verbaux, Paul dit qu'un ancien doit éviter les querelles et les arguments, c'est-à-dire les débats hostiles et non productifs, nourris par un désir de gagner une bataille et d'éviter à tout prix de reculer ou d'être défait. L'amour-propre ne doit pas remplacer le désir de résoudre efficacement un problème et de prendre de bonnes décisions.

Il y a plusieurs raisons pour lesquelles il est important qu'un ancien évite les querelles :

- La tendance à argumenter est une manifestation de la chair, qui produit les conflits et les dissensions plutôt que l'unité (Jn 17.23 ; Ga 5.16-26 ; Ép 4.3,13).

- Un processus sain de prise de décision doit permettre aux individus la liberté d'exprimer des points de vue opposés (voir Actes 15). Les débats enflammés amènent les gens à se camper plus fortement sur leur position et à réagir avec animosité, au lieu d'écouter et de parvenir à un consensus.

- Les leaders pieux se démarquent des faux docteurs en n'étant pas querelleurs (2 Ti 2.22-26).

- La confiance d'un ancien ne doit pas reposer sur ses habiletés à débattre, mais plutôt sur la vérité de la Parole de Dieu et sur la puissance du Saint-Esprit qui l'habite (Ac 6.4 ; Ph 3.15).

Pacifique | Ses relations

- Un ancien pacifique manifeste les qualités suivantes, et celles-ci appuient la vérité et la sagesse de ses paroles : « Car là où il y a un zèle amer et un esprit de dispute, il y a du désordre et toutes sortes de mauvaises actions. La sagesse d'en haut est premièrement pure, ensuit pacifique, modérée, conciliante, pleine de miséricorde et de bons fruits, exempte de duplicité, d'hypocrisie. Le fruit de la justice est semé dans la paix par ceux qui recherchent la paix » (Ja 3.16-18).

....

Pour tous les chrétiens >>

« Mais maintenant, renoncez à toutes ces choses, à la colère, à l'animosité, à la méchanceté, à la calomnie, aux paroles équivoques qui pourraient sortir de votre bouche » (Col 3.8).

« Sachez-le, mes frères bien-aimés. Ainsi, que tout homme soit prompt à écouter, lent à parler, lent à se mettre en colère ; car la colère de l'homme n'accomplit pas la justice de Dieu » (Ja 1.19,20).

....

Questions >> (1-Non, 2-Plutôt non, 3-Neutre, 4-Plutôt oui, 5-Oui)

- Le candidat évite-t-il les controverses et les débats stériles sur des sujets secondaires ? _____
- Travaille-t-il pour la paix, l'harmonie et l'unité lorsque des questions doctrinales sont discutées ? _____
- Reconnaît-il les points forts dans le point de vue de ceux qui ne pensent pas comme lui ? _____
- Est-il capable de mettre fin aux discussions avant qu'elles ne deviennent des débats ? _____

Inscrivez le total des points ici et dans la grille d'évaluation à la page 80. _____

N'EST PAS COLÉRIQUE

 Ses relations

Résumé :

Un ancien, comme le Dieu qu'il sert et représente, ne devrait pas être colérique, mais plutôt lent à la colère et porté vers la grâce, la compassion et le pardon.

Verset clé :

« Il faut donc que l'évêque […] ne soit [pas] colérique » (Tit 1.7).

Description >>

Un homme colérique est prédisposé à la colère et il s'emporte facilement. Sa tendance naturelle est à la colère. Il est appelé « furieux » dans Proverbes 29.22. *La Bible du Semeur* le formule comme suit : « L'homme prompt à la colère provoque des querelles, et celui qui s'emporte facilement commet beaucoup de fautes. »

Être colérique est mauvais pour quiconque, mais surtout pour un ancien. Rien de bon mais beaucoup de mal arrive à l'homme colérique (Pr 14.17,29 ; 15.18 ; 25.28 ; 29.22). Si les sages sont enjoints de ne pas même s'associer avec un homme colérique (Pr 22.24,25), alors il paraît évident qu'un tel homme ne devrait pas être un dirigeant d'Église. En fait, les chrétiens spirituels et sages devraient le fuir, ce qui rendrait évidemment difficile pour cet homme de prendre soin du peuple de Dieu.

De plus, les anciens devraient refléter le caractère de Dieu, qui est lent à la colère : « L'Éternel est miséricordieux et compatissant, lent à la colère et plein de bonté » (Ps 145.8).

Le monde a tendance à percevoir les chrétiens comme des gens colériques et hostiles. Les anciens doivent particulièrement refléter la tendance de notre Dieu à être gracieux, compatissant, et prompt à démontrer de la grâce au lieu de la colère. La colère peut être méritée, mais elle ne devrait pas éclater trop vite.

La patience de Dieu envers nous devrait nous inspirer de la

N'est pas colérique | Ses relations

patience envers les autres. Nous sommes transformés à sa ressemblance (Ro 8.29 ; 2 Co 3.18 ; 2 Pi 1.3,4). Le Saint-Esprit travaille présentement en nous pour produire le fruit de l'Esprit, qui surpasse notre tendance charnelle à la colère et nous rend de plus en plus comme Christ (Ga 5.20,22-24).

Pour tous les chrétiens >>

« Mais maintenant, renoncez à toutes ces choses, à la colère, à l'animosité, à la méchanceté, à la calomnie, aux paroles équivoques qui pourraient sortir de votre bouche » (Col 3.8).

« Sachez-le, mes frères bien-aimés. Ainsi, que tout homme soit prompt à écouter, lent à parler, lent à se mettre en colère ; car la colère de l'homme n'accomplit pas la justice de Dieu » (Ja 1.19,20).

Questions >> (1-Non, 2-Plutôt non, 3-Neutre, 4-Plutôt oui, 5-Oui)

- Le candidat maîtrise-t-il bien sa colère ? _____
- Pardonne-t-il facilement ceux qui lui ont fait du tort ? _____
- Se réjouit-il généralement au milieu des épreuves ? _____
- Évite-t-il généralement de corriger ses enfants lorsqu'il est sous l'emprise de la colère ? _____

Inscrivez le total des points ici et dans la grille d'évaluation à la page 80. _____

N'EST PAS ARROGANT

 Ses relations

Résumé :

Un ancien ne doit pas être arrogant, car cela nuirait à sa relation avec Dieu, le rendrait résistant à la grâce et le pousserait à utiliser les autres au lieu de les servir.

Verset clé :

« Car il faut que l'évêque [...] ne soit *[pas]* arrogant » (Tit 1.7).

Description >>

Paul nous dit qu'un ancien ne doit pas être arrogant (la *BDS* indique « imbu de lui-même » ; la *PDV* « orgueilleux »). L'arrogance et l'orgueil sont des concepts très proches. Il s'agit d'une confiance en soi exagérée et non fondée, un sentiment démesuré de son importance. L'arrogance se manifeste par un manque de considération pour les autres, incluant Dieu (1 Ti 1.13 ; 2 Pi 2.18-20). Tandis que l'humilité renonce à ses propres intérêts pour le bien-être des autres (Ph 2.3-8), l'arrogance fait fi du bien-être des autres dans la poursuite de ses intérêts égoïstes (voir dans Daniel 4 l'orgueil et la chute de Nebucadnetsar). Alors que l'humilité accepte avec reconnaissance la provision de Dieu, l'arrogance prend le crédit pour les bonnes choses qui viennent de la main de Dieu. L'humilité reconnaît que Dieu est parfaitement sage et tout-puissant ; l'arrogance croit que sa propre sagesse et sa puissance suffisent pour accomplir le bien.

L'approche de Dieu envers son peuple peut être résumée en un mot : la grâce. Toutes les épîtres de Paul s'ouvrent sur une salutation qui inclut une mention de la grâce. Non seulement l'arrogance résiste à la grâce, mais elle la méprise : « Pourquoi aurais-je besoin de la gracieuse provision de Dieu (une sorte de charité divine pour laquelle je n'ai pas travaillé) lorsque je suis pleinement capable d'accomplir la même chose par ma propre sagesse et mes efforts ? Un ancien qui a ce genre d'attitude

N'est pas arrogant | Ses relations

ne peut pas communiquer la grâce à ceux qu'il dirige, ni être un modèle de la grâce de Christ.

L'arrogance est un problème mortel pour quiconque ; pourquoi donc l'Écriture l'inclut-elle spécifiquement parmi les qualités des anciens ? L'arrogance fait partie des « risques du métier » pour tout leader (De 17.18-20). Jésus a clairement dit que ceux qui conduisent son peuple doivent le faire avec un cœur de serviteur, contrairement aux dirigeants des nations qui « tyrannisent » leurs sujets (Mt 20.20-28). L'arrogance encourage l'indépendance envers Dieu ; l'humilité nourrit la dépendance envers Dieu. L'arrogance est incapable d'aimer Dieu ou son prochain. Elle fait de Dieu un ennemi (1 Pi 5.5).

Pour tous les chrétiens >>

« Puis, ayant fait quelques pas en avant, il se jeta sur sa face, et pria ainsi : Mon père, s'il est possible, que cette coupe s'éloigne de moi ! Toutefois, non pas ce que je veux, mais ce que tu veux » (Mt 26.39).

« Devenez donc les imitateurs de Dieu, comme des enfants bien-aimés » (Ép 5.1).

Questions >> (1-Non, 2-Plutôt non, 3-Neutre, 4-Plutôt oui, 5-Oui)

- Le candidat a-t-il soumis sa volonté à Jésus-Christ dans tous les domaines de sa vie ? _____
- Lui est-il déjà arrivé de renoncer à sa propre volonté devant une décision à prendre pour se rallier à la majorité ? _____
- A-t-il l'habitude d'attendre la direction du Saint-Esprit avant de prendre une décision ? _____
- Demande-t-il régulièrement conseil lorsqu'il a des décisions à prendre ? _____

Inscrivez le total des points ici et dans la grille d'évaluation à la page 80. _____

N'EST PAS VIOLENT

 Ses relations

Résumé :

Dans un monde de plus en plus violent, il est vital qu'un ancien ne soit pas violent. Il pourra ainsi être un modèle à l'image du caractère du Seigneur Jésus pendant son ministère terrestre.

Verset clé :

« Il faut donc que l'évêque [...] ne soit [pas] violent » (1 Ti 3.3).
« Car il faut que l'évêque [...] ne soit [pas] violent » (Tit 1.7).

Description >>

Paul a utilisé différents mots pour dépeindre le caractère d'un ancien dans ses relations avec les autres ; par conséquent, il est sans doute préférable de prendre ce terme littéralement afin de ne pas le confondre avec les autres. Être « violent » (ou « pugnace ») signifie littéralement « donner des coups de poing » (de la même racine que le mot « pugiliste », c'est-à-dire « boxeur »). La version *Darby* traduit le mot par « batteur ». Peut-on s'imaginer une réunion du conseil des anciens qui se termine avec des yeux au beurre noir et des nez en sang ?

Certaines cultures ont une plus forte tendance vers la violence physique. Pensons seulement à la violence de certains de nos héros de l'Ancien Testament et à la tendance des disciples du Seigneur à user de force physique : « Seigneur, veux-tu que nous commandions que le feu descende du ciel et les consume ? » (Lu 9.54). La violence est le penchant de notre chair, l'utilisation de la force pour obtenir ce que l'on veut (Ga 5.19-21). Nous pensons que cela inclut l'usage d'un langage violent et de menaces. Un tel comportement est incompatible avec la qualité « pacifique ».

Comment est-il donc possible de discerner chez un homme sa non-violence ? Le premier endroit où regarder est dans sa vie de famille. Paul a demandé aux anciens de « [tenir leurs] enfants dans la soumission, en

N'est pas violent | Ses relations

toute dignité » (1 Ti 3.4 ; *NBS*). Bien que le châtiment corporel ne soit pas proscrit, un père ne devrait pas réagir de façon incontrôlée ou avoir recours à des punitions excessives ou incohérentes, ce qui constitue de l'abus. La relation d'un homme avec sa femme devrait aussi être considérée. Il ne doit pas se rendre coupable de violence physique, émotionnelle ou verbale.

Les anciens doivent manifester l'œuvre salvatrice de Christ et la puissance transformatrice du Saint-Esprit dans leur vie en démontrant la même non-violence qui caractérisait Jésus et qu'il a demandée de ses disciples (Mt 26.52).

Pour tous les chrétiens >>

« Mais le fruit de l'Esprit, c'est l'amour, la joie, la paix, la bonté, la bienveillance, la foi, la douceur, la maîtrise de soi ; la loi n'est pas contre ces choses » (Ga 5.22,23).

« Mais moi, je vous dis de ne pas résister au méchant. Si quelqu'un te frappe sur la jour droite, présent-lui aussi l'autre » (Mt 5.39).

Questions >> (1-Non, 2-Plutôt non, 3-Neutre, 4-Plutôt oui, 5-Oui)

- Le candidat est-il capable de continuer à se soucier des autres même s'ils l'ont offensé ? _____
- Demeure-t-il calme lorsqu'on lui fait du tort, évitant les menaces ou l'abus ? _____
- Sa femme et ses enfants se sentent-ils toujours en sécurité près de lui ? _____
- Gère-t-il bien la critique ? _____

Inscrivez le total des points ici et dans la grille d'évaluation à la page 80. _____

Grille d'évaluation

Insérez le nombre de points obtenus pour chaque qualité, puis faites le total au bas de la grille.

Ses motifs	Motivé par l'Esprit	
	A un désir venant de Dieu	
	Sert avec dévouement	
	N'agit pas par contrainte	
Son intégrité	Irréprochable	
	Jouit d'une bonne réputation	
	Réglé dans sa conduite	
	Saint	
	Juste	
	Est un modèle	
Son rapport avec la Parole	Attaché à la Parole	
	Propre à l'enseignement	
	Exhorte selon la saine doctrine	
	Réfute les contradicteurs	
Sa famille	Mari d'une seule femme	
	Ses enfants sont obéissants	
	Dirige bien sa propre maison	

Grille d'évaluation

Sa vie personnelle	Ami du bien	
	Modéré	
	Tempérant	
	Sobre	
	N'est pas un nouveau converti	
	N'est pas adonné au vin	
	Désintéressé	
Ses relations	Hospitalier	
	Doux	
	Ne cherche pas à dominer	
	Pacifique	
	N'est pas colérique	
	N'est pas arrogant	
	N'est pas violent	

Total

Notes

Notes

« **Publications Chrétiennes inc.** » est une maison d'édition québécoise fondée en 1958. Sa mission est d'éditer ou de diffuser la Bible ainsi que des livres et brochures qui en exposent l'enseignement, qui en démontrent l'actualité et la pertinence, et qui encouragent la croissance spirituelle en Jésus-Christ.

Pour notre catalogue complet :
www.publicationschretiennes.com

Publications Chrétiennes inc.
230, rue Lupien, Trois-Rivières, Québec, CANADA – G8T 6W4
Tél. (sans frais) : 1-866-378-4023, Téléc. : 819-378-4061
commandes@pubchret.org

www.ingramcontent.com/pod-product-compliance
Lightning Source LLC
Chambersburg PA
CBHW060213050426
42446CB00013B/3063